IMPRESSIONANTES

A Ciência da Primeira Impressão

Thales Vianna Coutinho

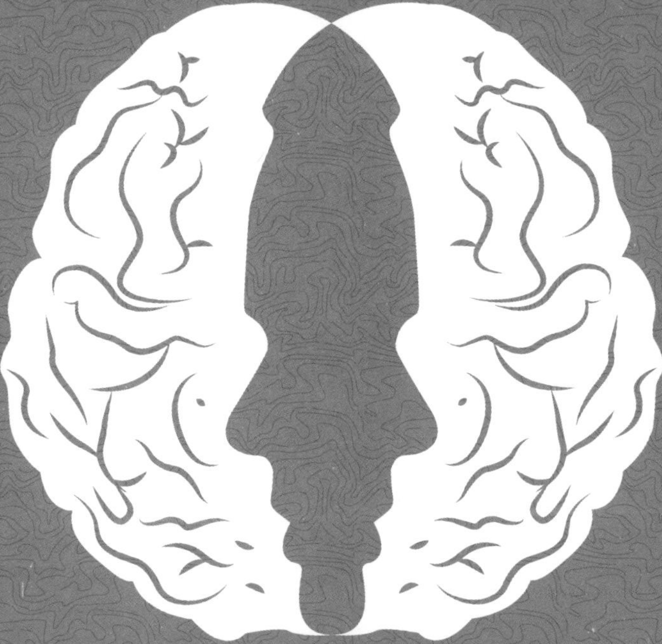

IMPRESSIONANTES

A Ciência da Primeira Impressão

Artesã

Impressionantes: a Ciência da Primeira Impressão
1ª edição

COORDENAÇÃO EDITORIAL
Karol Oliveira

DIREÇÃO DE ARTE
Tiago Rabello

REVISÃO
Maggy de Matos

CAPA
Kamila Moreno

PROJETO GRÁFICO E DIAGRAMAÇÃO
Conrado Esteves

C871 Coutinho, Thales Vianna.
Impressionantes : a ciência da primeira impressão / Thales Vianna Coutinho . – Belo Horizonte : Ed. Artesã, 2017.
112 p. ; 21 cm.
ISBN: 978-85-88009-66-0

1. Psicologia. 2. Neurociências. 3. Administração de pessoal.
I. Título.

CDU 159.9

Catalogação: Aline M. Sima CRB-6/2645

IMPRESSO NO BRASIL
Printed in Brazil

ARTESÃ EDITORA LTDA.
Site: www.artesaeditora.com.br
E-mail: contato@artesaeditora.com.br
Belo Horizonte/MG

Sumário

Prefácio

No ano de 2014, em plena campanha para as eleições do Conselho Federal de Psicologia, tive a oportunidade de assistir a um vídeo publicado em um canal do youtube no qual o autor fazia uma análise crítica das três chapas que concorriam ao pleito. Na época, eu era candidato inscrito em uma dessas chapas e, a cada dia, aumentava o meu espanto sobre como as pessoas conduziam de forma rasa e pouco produtiva a discussão sobre o futuro da Psicologia brasileira. Para meu espanto, a primeira análise política, que considerei genuinamente inteligente, veio desse vídeo de autoria de um jovem psicólogo de Joinville. Resolvi, então, assinar seu canal de divulgação científica e passei a assistir, com assiduidade, cada uma de suas novas publicações (bem como todas as anteriores).

Thales Vianna Coutinho conseguia, de forma extremamente didática, apresentar em seu canal TVCChannelNews sofisticadas análises sobre temas em psicologia evolucionista, psicologia social cognitiva, neurociências e outros temas relacionados à ciência do comportamento e da cognição. Na época, encantando com seu jovem talento e com sua paixão por uma Psicologia baseada em evidências, tomei a iniciativa de convidá-lo, para integrar meu grupo de colaboradores na UFMG. Interessante notar que, geralmente, os alunos buscam seus orientadores. No caso do Thales, foi justamente o contrário. Aceitando o meu convite, Thales me presenteou com a primeira edição de seu livro "Impressionantes: a ciência da primeira impressão". A obra apenas reafirmou minha primeira admiração por Thales e sua capacidade de transformar conhecimentos acadêmicos em algo plenamente acessível aos olhos do público leigo.

"Impressionantes" traz ao leitor uma série de informações atualizadas e bem fundamentadas sobre como processos cognitivos não conscientes nos levam a fundamentar crenças e valores, quando tomamos contato com alguém/algo pela primeira vez. Compilando evidêncais de diversas áreas, Thales consegue apresentar ao leitor não apenas os fundamentos de como nossa primeira impressão pode ser enviesada, mas, também, as implicações disso para nossas relações com pessoas, instituições e temas diversos.

Da forma como o livro é escrito, sua leitura é acessível para profissionais da área e também para os leigos interessados em divulgação científica. Por isso, comemoro aqui o lançamento da segunda edição desse livro, que me impressionou desde a primeira leitura.

Leandro Fernandes Malloy-Diniz

CAPÍTULO UM

Primeira Impressão

Somos, por natureza, impressionantes! Desde a hora em que acordamos, até a que nos rendemos ao sono, formamos impressões nas e sobre as outras pessoas, com base numa quantidade muito pequena de informações, possíveis de captar nos instantes iniciais do trato social. De fato, estamos adaptados para criar impressões rápidas, automáticas, e muitas vezes inconscientes, a partir da aparência, de pistas verbais e não verbais, apresentadas por aqueles que nos rodeiam.

Mas, qual a real importância desse fenômeno? Surpreendentemente: muita! Afinal, esta impressão inicial serve como uma referência pessoal, para predizer o comportamento da outra pessoa. Ou seja, é com base nessa percepção inicial que avaliamos se vale a pena viabilizar um segundo encontro, ou não. Afinal, basta um breve instante para você se encantar por alguém, ou – no outro extremo – ter aquela sensação de que "o santo não bateu", e detestar a pessoa pelo resto da vida, sem nem saber direito o porquê.

No entanto, vejo dois grandes problemas, quando se fala em "primeira impressão", e que, talvez, expliquem a resistência que alguns manifestaram, quando eu próprio relatei que escreveria um livro justamente sobre isso. O primeiro problema resolvi chamar de: "*cicatriz do descrédito*", e o segundo de "*medo do determinismo*".

"Primeira Impressão" é um tema sério, sendo geralmente o módulo inicial dos cursos introdutórios de psicologia, nas melhores universidades do mundo, justamente porque qualquer relação social iniciará (e dependerá) desta impressão. No entanto, um grupo de falsos especialistas, sabendo do apelo que esse tema tem, para além do mundo acadêmico (principalmente na área comercial e empresarial), acabou disseminando muitas informações acerca de como formamos essas impressões, que não estão nem um pouco alicerçadas em estudos científicos. Na realidade, essa literatura pseudocientífica é alimentada com dados que se originam da mera observação cotidiana do tipo: "*eu analiso gente assim, dessa forma*", e isso é transmitido como se fosse uma conclusão empírica, do tipo: "*Pesquisas dizem que pessoas assim, são dessa forma*". Isso significa que este tema, apesar de muito sério, acabou ficando banalizado, e os materiais produzidos sobre ele, geralmente, são considerados pseudocientíficos, ou mesmo um exemplo de charlatanismo.

Há também o "*medo do determinismo*", que leva as pessoas a evitarem ler sobre este tema, ou considerá-lo – muitas vezes – um conteúdo socialmente perigoso. Esse medo fica ainda mais saliente, quando o público leigo descobre, que não somente formamos uma primeira impressão dos outros, como também, na maioria das vezes, essas impressões são precisas.

Porém, quando se fala da precisão das primeiras impressões, trabalha-se com uma margem de acerto entre 64% e 74%. Ou seja, praticamente, dois terços das nossas avaliações sobre outras pessoas estão corretas. Mas, tomemos, como exemplo, a pesquisa muito curiosa desenvolvida pela eminente psicóloga social, que infelizmente faleceu há alguns anos, Nalini Ambady. Em 2002, ela investigou como o mero tom de voz pode produzir impressões precisas sobre a conduta profissional de cirurgiões. Para resumir, ela descobriu que as pessoas avaliam cirurgiões com voz mais grave como sendo menos empáticos, e como tendo recebido mais processos, ao longo da sua vida profissional, em decorrência de erro ou negligência médica. O surpreendente é que, quando essa avaliação foi comparada com o histórico desses médicos, verificou que, na grande maioria das vezes, (muito mais que ao acaso) essa impressão se confirmava. Ou seja, uma porcentagem significativa destes médicos avaliados através da voz como tendo sofrido mais processos ao longo da vida, realmente foram mais processados.

Todavia, esses estudos sempre geram resultados baseados em médias da população estudada, o que não significa que estejam sempre corretos, nem que se apliquem a todas as pessoas. Logo, mesmo diante desses dados, é perfeitamente possível defender, que haja médicos com voz grave e extremamente empáticos e profissionais exemplares. Ou seja, quando eu falar sobre proporções, emoções, comportamentos (etc), e que estas coisas nos informam determinados traços da personalidade alheia, não quer dizer que sempre será assim. É importante que você saiba levar em conta o contexto em que um sinal é apresentado, e não use este livro como um "manual para analisar os outros", caso contrário, pode acabar se dando muito mal.

Porém, esse medo não se restringe à possibilidade de acertar na avaliação da habilidade profissional de um médico. Ao longo do livro, você vai entender o porquê, mas, por enquanto, basta saber que uma fotografia apresentada, durante meros 200 milissegundos, é o suficiente para que consigamos – na grande maioria das vezes – inferir: tendência a violência, potencial de liderança, orientação sexual, etc. Ai, as coisas complicam, porque, nesse ponto, o "medo do determinismo" (que já expliquei ser ilógico) se funde com a mentalidade do "politicamente correto".

É como um sentimento atávico, que reacende, principalmente, quando se lê "é possível identificar pessoas com tendência à criminalidade, *com base na análise rápida, instantânea e inconsciente de seu rosto*", por remeter à herança de um passado recente, em que médicos, como Cesare Lombroso, acreditavam poder prever comportamentos criminosos de uma pessoa, com base na sua configuração facial, e usavam essa técnica, para justificar um tratamento diferenciado.

Mas, vamos esclarecer um pouco este ponto, antes de seguir adiante. É fato, que formamos uma primeira impressão precisa sobre os outros e a atribuição de um potencial de violência faz parte desse processo. Por exemplo, pessoas com determinadas configurações faciais são mais facilmente consideradas suspeitas ou culpadas de algum crime podendo, inclusive, receber uma pena mais severa, quando julgadas num tribunal do júri. Esse fenômeno é uma realidade psicológica, que não deve ser negada, mas compreendida. Inclusive, por isso, este livro tem um capítulo inteiro dedicado a esse tema.

Outro aspecto relevante é que Lombroso não fez nenhum experimento controlado, para testar sistematicamente sua teoria. Em suma, seus postulados foram concebidos da mesma forma como tantos por ai fazem até hoje com relação à "primeira impressão" (e que, conforme comentei anteriormente, está relacionado ao descrédito conferido a esse tema). Ele simplesmente "achava" que criminosos tinham determinada configuração facial, então eles tinham e pronto! Porém, a ciência não funciona dessa forma. Não se trabalha com a lógica "*acho que..., logo é...*", mas sim com investigações que geram evidências! Levou muito tempo, para que os cientistas conseguissem isolar os elementos da face e do comportamento, na tentativa de identificar o que faz as pessoas atribuírem um grau de periculosidade a alguém com base nisso. Os resultados dessas investigações científicas é que apresentarei aqui.

Mas, cuidado! Nós podemos saber (e sabemos) o que, num grupo amostral, faz alguém ser julgado como violento ou confiável. Mas isso, de forma alguma, implica em concluir que todas as pessoas, que expressem tais características sejam assim. Você não pode evitar formar uma primeira impressão, pois é uma resposta automática e involuntária, mas pode (através do conhecimento sobre como isso funciona) entender, que nem sempre aquela impressão vinga. Aqui, nesse ponto, estou traçando um paralelo com o conceito de "Consciência Emocional" proposto por Paul Ekman. Basicamente, ele afirma que é impossível controlar com precisão a expressão das emoções, pois elas também se manifestam de forma automática e involuntária. Mas é possível (através do conhecimento, treino e paciência) tomarmos consciência de que estamos sob o efeito de uma determinada emoção e não agirmos impulsivamente em nome dela. A lógica para lidar com a "primeira impressão" é basicamente a mesma. Não seja um escravo dessa avaliação precipitada!

Porém, sem querer desanimar, não pense que essa tomada de consciência, e consequente manejo adequado da "primeira impressão" é um processo simples, porque não é! Devido a uma distorção mental chamada "*viés de confirmação*", somos impelidos a manter a impressão, porque todas as novas informações, que recebemos acerca da pessoa parecem confirmá-la. Isso faz com que sejamos, realmente, muito resistentes à mudança.

No entanto, conforme Anton Chekhov, certa vez, escreveu: "*A humanidade só poderá crescer, quando descobrir como exatamente é*". Isso significa que o conhecimento quanto ao porquê e como formamos impressões sobre os outros, pode nos ajudar a usar sabiamente esta informação, na tentativa de melhorar nossos relacionamentos interpessoais, ao invés de prejudicá-los. E, ao reconhecermos que resistimos em atualizar as impressões iniciais, já estamos dando o primeiro passo rumo ao automonitoramento, que provocará uma maior consciência e melhoria individual.

CAPÍTULO DOIS

O Cérebro e a Primeira Impressão

Os anos 90 ficaram conhecidos como "a década do cérebro". Isso porque os avanços na neurociência foram, e continuam sendo, até hoje, surpreendentes. De alguns anos para cá, novas tecnologias (como a "ressonância magnética funcional") vêm possibilitando visualizar o cérebro em funcionamento, no momento em que processa alguma tarefa. Ou seja, o que há séculos poderia ser considerado um delírio, ou mesmo feitiçaria, hoje em dia é realidade: podemos enxergar a mente trabalhando, através de uma máquina, num laboratório.

Usando essa tecnologia, já foi possível identificar muitos dos circuitos cerebrais envolvidos na memória, na atenção, no controle dos impulsos, no controle emocional, na tomada de decisão, etc. Enquanto escrevo esse livro, há um sem-número de pesquisas descrevendo tais mecanismos neurofisiológicos, e, pode ter certeza que, quando eu terminá-lo haverá muito mais publicações. Apesar de não sabermos completamente como tudo isso funciona, temos uma noção muito melhor que a que tínhamos no passado, e os próximos anos serão decisivos para compreender (talvez de forma definitiva) como tudo isso acontece.

Porém, ainda mais recentemente, o neurocientista John Cacioppo (em parceria com outros pesquisadores) começou a pesquisar sobre como o nosso cérebro responde às situações sociais. Ou seja, quais mecanismos biológicos controlam nossos relacionamentos interpessoais. Essa nova área de investigação recebeu o nome de "Neurociência Social", que hoje já conta com laboratórios especialmente dedicados a isso no mundo inteiro, além de revistas científicas exclusivas, para publicar artigos referentes a pesquisas nessa área.

Conforme dito anteriormente, a "primeira impressão" é um fenômeno, que se forma repentinamente no contato inicial com algum desconhecido, e que irá definir nossa motivação, para estabelecer ou não uma relação duradoura com tal pessoa. Em suma, trata-se do primeiro passo fundamental para a criação (ou não) do vínculo social. Diante disso, é fácil pensar que a neurociência social iria se debruçar sobre esse tema, na tentativa de investigar como o nosso cérebro forma a impressão (positiva ou negativa) acerca das outras pessoas.

Um dos principais pesquisadores responsáveis por investigar as bases neurobiológicas da primeira impressão é Alexander Todorov, da Universidade de Princeton (EUA). Em colaboração com outros cientistas, ele já conseguiu identificar os principais sistemas envolvidos nesse processo, que vou apresentar na sequência. Não há motivo para estresse! A importância de se entender a neurociência por trás desse fenômeno não está em decorar que região do cérebro faz o quê. A relevância desse conhecimento mais específico é a consciência de que estruturas cerebrais específicas interagem, para formar esta primeira impressão, e que, com base nesse insight, podemos entender de antemão do que as impressões dependem. Vamos lá!

Uma das principais regiões envolvidas nesse processo é a amígdala (do cérebro, não da garganta). Esta estrutura tem papel fundamental na geração das emoções, principalmente aquelas mais básicas, como raiva e medo. O que isso nos revela? Que aquelas impressões formadas sob condições de fortes emoções serão consolidadas na memória por mais tempo, afinal, a amígdala tem uma relação muito estreita com outra região cerebral chamada "hipocampo", que tem papel determinante na formação de memórias.

Além disso, também participam desse processo o Sulco Temporal Superior e a Junção Temporoparietal. Essas são algumas das principais regiões do cérebro responsáveis por uma das faculdades mentais mais interessantes e que, inclusive, pode ser a principal responsável pelo fato de, nem sempre, a impressão corresponder à realidade: a "Teoria da Mente", que diz respeito exatamente àquilo que o nome sugere, ou seja, trata-se da nossa capacidade de teorizar sobre o que a outra pessoa está pensando ou sentindo, em um determinado momento e contexto. Não me entendam mal! Isso não tem nada a ver com "telepatia" ou algo do tipo. Trata-se de uma capacidade natural, que nós desenvolvemos ao longo de milhares de anos de evolução, que nos permite "ler a mente" das outras pessoas, com base em algum sinal por elas emitido (tom de voz, direção do olhar, expressão facial, pose corporal, etc).

Como exemplo, talvez você já tenha percebido, que consegue identificar, quando alguém está triste ou feliz, através de uma simples conversa telefônica (as mães, inclusive, são especializadas nisso). Ao perceber um tom de voz mais rebaixado e lento, você acaba inferindo, que a pessoa do outro lado está triste. Quanto mais você acerta nessa "leitura mental", maior é a sua teoria da mente. O que já foi descoberto é que as mulheres – em média – possuem uma "teoria da mente" mais desenvolvida que os homens, o que pode resultar em diferentes perspectivas e interpretações de um mesmo estímulo social. Enfim, faz muito sentido pensar, que regiões cerebrais envolvidas na "teoria da mente" também fazem parte do processo de formação da primeira impressão, porque é fundamental que você entenda as crenças e motivações da pessoa (seja para usar determinada roupa, corte de cabelo, andar de jeito "a" e não "b"), para saber como aquele sinal representa o que ela realmente é.

Agora você já sabe, que a primeira impressão depende da emoção, da memória, e da teoria da mente. Outra região importante é o córtex pré-frontal medial. O que ele faz? Basicamente, integra cognição e emoção, e assim contribui para a tomada de decisão. Ou seja, podemos entender que essa região irá unir a informação emocional vinda da amígdala, com a cognição social feita pelas regiões envolvidas na "teoria da mente", para assim decidir sobre qual impressão formar acerca daquela pessoa.

Eu adoro o paralelo entre algumas frases do senso comum e as pesquisas científicas. Por exemplo, frequentemente ouvimos que "*conhecer pessoas novas é sempre um aprendizado*". Talvez, muitos que falam isso desconheçam que estão disseminando uma enorme verdade. Afinal, outra região muito importante para a formação das impressões é o núcleo accumbens, estrutura fundamental do chamado "circuito de recompensa", que está diretamente envolvido com a motivação, o prazer... e o aprendizado! Aprendemos melhor tanto quanto ativamos esse circuito durante a aula ou um exercício físico. Isso quer dizer que, realmente, desde a primeira olhada, nosso cérebro já se prepara para nos motivar a aprender sobre aquela outra pessoa. A primeira impressão é apenas a primeira lição. Mas, como a primeira vez a gente nunca esquece (outro dito popular muito assertivo), a primeira impressão também rende um aprendizado mais denso e dificílimo de ser apagado (feliz, ou infelizmente).

Há uma última região, que penso merecer destaque aqui: a ínsula. A ínsula é uma região reconhecidamente responsável pelo processamento das informações viscerais do organismo, mas também está muito relacionada à sensação de "nojo". O nojo é uma emoção moral universal, que tem a função de nos alertar quanto ao risco de contaminação (real ou imaginário) e provocar em nós a resposta de afastamento daquele indivíduo ou objeto, possivelmente contaminante. É interessante constatar que essa região está fortemente relacionada à formação de uma primeira impressão, mas só daquela especificamente negativa. Ou seja, quando não gostamos de alguém na primeira vista, aquele sentimento de que "*o santo não bateu*" ocorre principalmente devido à ativação da ínsula. Talvez seja por isso que tendemos a nos afastar de pessoas que julgamos, negativamente, logo no primeiro encontro, afinal, interpretamo-nas como se realmente representassem um risco à nossa saúde. Possivelmente, o ápice desse processo é quando, após varrer alguém completamente desconhecido com os olhos, pensamos: "*Que pessoa nojenta!*".

É claro que existem outras regiões cerebrais envolvidas nesse processo de formação de impressão já descritas na literatura, e – possivelmente – outras tantas ainda não identificadas. Mas o objetivo aqui não é produzir uma revisão sistemática da literatura especializada. Quis começar por esse tópico mais "pesado" para que fiquem claros três aspectos: 1) O fenômeno da "primeira impressão" é coisa séria e há pesquisadores sérios investigando isso; 2) é um processo complexo que ocorre em nosso cérebro, através da cooperação entre diferentes estruturas e regiões; 3) depende tanto de componentes emocionais, quanto cognitivos.

Se todos nós, em condições normais, somos equipados com uma complexa rede cerebral responsável por formar impressões acerca das outras pessoas, uma pergunta que merece ser respondida é: *afinal, por que nosso cérebro está adaptado para isso*?

CAPÍTULO TRÊS

Naturalmente Impressionantes e Impressionáveis

Para responder a essa pergunta, é necessário recorrer à Psicologia Evolucionista. A psicologia evolucionista não é nova, mas, apenas recentemente, começou a ser discutida mais abertamente, aqui no Brasil. Basicamente, ela defende que assim como qualquer outro órgão do nosso corpo foi moldado, ao longo de milhares de anos de evolução por seleção natural e sexual, nosso cérebro também o foi, selecionando os pensamentos, as emoções e os comportamentos, que mais favoreciam a nossa reprodução ou sobrevivência, mantendo-os até os dias de hoje.

Resumindo, sem distorcer, considera-se que o cérebro funciona como um computador. Quando você precisa, por exemplo, editar alguma foto (um problema a ser resolvido), geralmente você instala algum programa que lhe permite fazer tal edição. Caso este programa seja útil para você (resolveu o problema), a tendência é que ele permaneça no seu computador, até que surja outro melhor, que irá substituí-lo. Assim, podemos entender que o nosso cérebro de hoje tem instalado milhares de programas específicos, que foram úteis para resolver algum problema específico (que chamamos de "problema adaptativo") com o qual nos deparamos durante nossa evolução enquanto espécie. O trabalho da psicologia evolucionista é levantar e testar, experimentalmente, hipóteses que nos permitam compreender porque esse programa foi instalado em nosso cérebro. Em suma: qual problema adaptativo, determinado programa ajudou a resolver, ao ponto de ter conseguido se manter em nosso cérebro até hoje?

Procure se imaginar, por exemplo, um contexto de ameaça. É muito importante que façamos esse rastreio social e analisemos, adequadamente, em quem podemos confiar e em quem não podemos. Trocando em miúdos: "*não dá pra perder muito tempo filosofando*"! A reflexão profunda sobre o outro fica para um segundo momento. De imediato, precisamos saber se podemos ou não confiar naquela pessoa. O alto índice de precisão nesse julgamento super rápido e inconsciente nos faz saber que, de alguma forma, aprendemos – ao longo da evolução – a interpretar padrões de comportamento, e mesmo características de aparência, no momento de avaliar os outros quanto a vários atributos. Além da análise precisa quanto à confiabilidade da outra pessoa, também somos orientados, para deduzir rapidamente a competência dela. O foco na competência faz sentido pela seguinte razão: suponha que haja duas pessoas ameaçadoras vindo em sua direção e você percebe que vai ter que enfrentá-las, para salvar a própria pele. Como saber com qual se preocupar mais? A resposta é: identificando, o mais rápido possível, sinais que sirvam como indicativo da competência daquele indivíduo, nesse caso, quanto às habilidades marciais. Focando no lutador mais competente (e perigoso), há uma chance maior de vencer. Mais adiante, neste livro, você verá que esses sinais existem.

É importante esclarecer, que isso não vale apenas para as situações ruins. Impressões formadas sob circunstâncias boas (por exemplo, um "amor à primeira vista") também são importantes, que sejam feitas rapidamente, para que você não perca a oportunidade de se aproximar daquela pessoa, e aumentar a chance de formar uma aliança ou mesmo um par.

No entanto, reconhece-se que as condições negativas recebem mais a nossa atenção. Possivelmente, devido a esse real impacto devastador de uma impressão negativa sobre nossa sobrevivência é que, geralmente, tendemos a atribuir uma impressão negativa acerca das outras pessoas, no sentido de nos protegermos. Algo como: desconfiar, para depois confiar. Esse é um exemplo daquilo que o médico psiquiatra Randolph Nesse chamou de "*princípio da detecção de fumaça*". Geralmente, tendemos a achar que "*onde há fumaça, há fogo*", e esse "*fogo*" é quase sempre associado a um incêndio incontrolável e perigosíssimo, do qual devemos fugir o mais rápido possível.

Mas, por que temos essa tendência a catastrofizar o futuro? Por uma razão relativamente simples: o falso-negativo é muito mais danoso que o falso-positivo. Pense que você está caminhando, tranquilamente, por uma floresta densa. De repente, avista uma fumaça preta há uns 200 metros de distância. Sabendo que há gente morando naquela floresta, existem (pelo menos) duas hipóteses para explicar a fumaça: 1) trata-se apenas de um morador, preparando um churrasco, numa fogueira controlada; 2) trata-se de um incêndio descontrolado. Na primeira hipótese, não há problema de você continuar andando na mesma direção. Aliás, se agir assim, e for simpático, pode até fazer amizade e descolar um almoço grátis! Todavia, a segunda hipótese exige que você fuja o mais rápido possível dali, para evitar o incêndio. Agora, imagine o que acontece se, por acaso, você acredita que aquela fumaça é produzida por um assado, continua andando e se depara com uma floresta consumida pelas chamas. Isso seria o "falso-negativo", pois você negou o risco que na verdade existia. Da mesma forma, imagine as consequências de você acreditar que tal fumaça se devia a um incêndio incontrolável e saísse correndo dali, mas, na verdade, era apenas um cara preparando uma costela. Isso seria o "falso-positivo", pois você viu um risco em potencial, e agiu de acordo com isso, quando na realidade esse risco não existia. Perceba que, enquanto na primeira condição (falso-negativo) você se envolve num risco de morte potencial, na segunda condição (falso-positivo) você apenas perdeu uma mera possibilidade de comer churrasco. Por isso, estamos naturalmente programados para, diante da incerteza, tender a seguir a lógica do "falso-negativo", na tentativa de proteger nossa integridade física. Em suma, é melhor acreditar – realmente – que onde há fumaça, há fogo descontrolado, porque a chance de você se dar mal será menor.

Quando se trata de "primeira impressão", essa tendência também se manifesta. Inicialmente, formamos sobre os outros uma impressão mais negativa. Inclusive, essa tendência se expressa de forma diferente, conforme o gênero. Geralmente, as mulheres formam impressão mais negativa sobre os homens. Isso porque uma impressão positiva tem a ver com maior probabilidade de aproximação e, quando estamos falando em aproximação entre pessoas de sexos diferentes, a chance de uma possível relação amorosa é grande e, consequentemente, da relação sexual. Não é de hoje que conhecemos a implicação que o ato sexual tem para a psicologia feminina. Devido ao imperativo biológico da diferença no investimento parental (mulheres investem muito mais na geração do bebê, que os homens), elas têm muito mais a perder, ao se aproximar facilmente de um homem que não vale a pena ter como companheiro, e acabar dando à luz uma criança dele. Por isso, a impressão geralmente é mais negativa. Ao formar uma primeira impressão negativa, ela se faz de difícil e, assim, apenas aqueles homens realmente insistentes (e interessados) manterão a corte.

Agora que já ficou mais claro como e porque formamos a primeira impressão, chegou a hora de passar para a parte, que você provavelmente está esperando, desde o início: *com base em que, formamos a primeira impressão?*

CAPÍTULO QUATRO

Beleza

Sou fã de carteirinha da série de televisão "*Além da Imaginação*" (*Twilight Zone*), criada por brilhante Rod Serling, no final dos anos 50. Tratava-se de uma série em que cada episódio narra uma história diferente e independente.

Alguns dos episódios acabaram se tornando ícones da história da televisão. Um deles foi o "*The Eye of the Beholder*" (O Olho do Observador), escrito pelo próprio Serling. Narra a história de uma mulher com o rosto totalmente vendado por gazes cirúrgicas, que passa quase o tempo inteiro numa cama de hospital. Logo no início, descobrimos, que a trama se ambienta numa realidade alternativa, na qual os indivíduos considerados feios eram exilados do convívio com as pessoas bonitas. Por isso, o Estado oferecia a oportunidade aos feios de realizarem cirurgias plásticas, na tentativa de melhorar a aparência e conseguirem conviver normalmente na sociedade.

A personagem principal estava aguardando o resultado da última cirurgia permitida, e que definiria se ela seria ou não exilada. Brilhantemente, ao longo de todo o episódio, não conseguimos ver o rosto dos médicos, nem das enfermeiras, que ora estão obscurecidos por uma sombra, ora eclipsados por algum objeto. Eis que, após muito diálogo acerca da liberdade e dos direitos humanos, naquela sociedade ditatorial, chega o momento em que as gazes serão retiradas. Após alguns instantes de suspense, ouvimos o médico dizer que a cirurgia infelizmente fracassou e que, em função disso, ela seria exilada. Então, as luzes se acendem e nos é revelada a verdade. A mulher era muito bonita e que os grotescos e deformados eram os médicos, as enfermeiras e – aparentemente – a maioria, entre aquelas pessoas. O episódio encerra, então, com a mensagem final de: "*A beleza está nos olhos de quem vê*", pois, naquela sociedade, o padrão de beleza considerado ideal era possuir várias deformidades salientes, logo, a beleza seria uma característica arbitrária e subjetiva.

Mas, será que a beleza está realmente nos olhos de quem vê? Ouso me manifestar, com base num grande corpo de evidências, que não! Nem tampouco ela é um aspecto insignificante. Muito pelo contrário! Pessoas bonitas são facilmente reconhecidas como tal, e gozam de muitos privilégios sociais por isso, pois possuimos um programa instalado em nosso cérebro que nos faz pensar: "*tudo que é belo* é *bom*".

Por quê?

Porque a beleza não é uma característica subjetiva, mas um sinal objetivo de saúde física, do indivíduo, sendo que não tendemos a sentir atração por pessoas que aparentam estar doentes e, por isso, aspectos como olheira, palidez ou assimetrias são geralmente alvo de cosméticos capazes de escondê-las, principalmente nas mulheres, haja vista que, para elas, a beleza conta mais na seleção de parceiros. Isso significa que a beleza não está nos olhos de quem vê, mas é um padrão universal da espécie humana, o que faz com que pessoas aqui e na China analisem, salvo algumas especificidades culturais, a beleza de uma forma muito semelhante.

Por que tudo isso importa?

Importa, para saber, que pessoas com rosto mais saudável – por serem consideradas mais atraentes – acabam formando uma melhor impressão inicial. E não para por ai! A psicologia social já descreveu muito bem um tipo de fenômeno chamado "Efeito Halo", que pode ser definido como a atribuição involuntária e automática de qualidades a pessoas, com base no grau de atratividade delas. Isso significa que, além de atraente, a pessoa acaba sendo – por tabela – considerada mais sociável, competente, confiável, poderosa, e outras tantas coisas boas. Já aquelas pouco atraentes (ou feias), como se não bastasse a primeira impressão negativa, ainda são – por tabela – consideradas portadoras de diversos defeitos.

É importante ressaltar que o contrário também acontece. Ou seja, pessoas percebidas como sendo muito inteligentes ou simpáticas, também passam a ser vistas como mais atraentes.

Essa avaliação, às vezes, é certeira, afinal, pessoas bonitas acabam tendo mais amigos (beleza chama a atenção), porém precisamos nos policiar, para não julgar de forma precipitada. Por exemplo, ao vermos fotos profissionais da bela modelo Cameron Russell, imediatamente achamos que ela é uma pessoa confiante (apenas em função de sua beleza). No entanto, recentemente, numa conferência no TEDx, ela confessou que é bastante insegura e que as fotos são feitas profissionalmente, artificialmente produzidas, para transparecer características que ela realmente não tem. O mesmo acontece também na ficção. Por exemplo, em "O Corcunda de Notre-Dame", de Victor Hugo, o corcunda (chamado de "Quasímodo", que significa quase-pronto) era muito mais virtuoso que o vilão da história: Frolo, que não possuía qualquer deformidade visível (ainda que seu caráter fosse bastante distorcido). Assim como esses, existem muitos outros exemplos que nos servem de alerta, para tomar muito cuidado com a armadilha do "Efeito Halo". As aparências podem, sim, nos enganar bastante!

Inclusive, para você ver como a beleza não se resume à atração física, há uma diferença entre "antes" e "depois" de uma cirurgia estética, na forma como a mesma pessoa é avaliada em diferentes aspectos. Por exemplo, de acordo com um estudo recente, após uma cirurgia plástica, a mesma mulher não apenas passa a ser considerada 31% mais atraente, como, também, 25% mais sociável, 22% melhor sucedida nos relacionamentos amorosos, 19% mais atlética e, até, 13% mais bem sucedida, financeiramente. Tudo isso, com base numa simples foto do rosto.

Porém, nem tudo são flores... O Jô Soares, por exemplo, gosta de dizer em seu programa (principalmente às convidadas atraentes), que "*a beleza abre portas*". Isso é verdade, em alguns casos, não em outros. Há situações em que a beleza pode exercer um efeito completamente oposto, "*fechando portas*", como no caso das mulheres atraentes, que não são chamadas para a entrevista de emprego, porque quem faz a triagem dos currículos é outra mulher, que começa a enxergar na beleza da candidata uma ameaça em potencial à sua própria estabilidade na empresa, justamente por pressupor que ela seja tão competente quanto bela. Um exemplo clássico de inveja associada à competição intrassexual!

Além disso, não basta somente abrir portas, é necessário também mantê-las abertas. Isso se consegue, através da capacidade de trabalho. Porém, lembre-se que, se você é bonito (a), criou uma impressão muito positiva em quem te contratou, que passou a vê-lo(a) como dotado(a) de muitas qualidades. Porém, pode acontecer, que mesmo você tendo todas essas qualidades, não esteja à altura da imagem que seu contratante criou. Em suma, ele esperava mais de você. Isso pode fazê-los e decepcionar com a sua produtividade real. O desfecho dessa decepção pode ser, infelizmente, sua demissão. Trocando em miúdos, você foi demitido(a), porque não conseguiu alcançar a expectativa que sua própria beleza nutriu no contratante. Então, antes de pensar que a vida das pessoas bonitas é um mar de rosas, saiba que as rosas também têm espinhos.

BELEZA, GÊNERO E CICLO MENSTRUAL

Outro fator importante, na hora de atribuir a beleza em alguém, depende do gênero de quem vê. Homens tendem a preferir mulheres com rosto mais fino e arredondado, sinais de maior concentração de hormônios femininos, que tem relação com a fertilidade. Porém, no caso das mulheres, é importante notar que a cognição social muda, ao longo do ciclo menstrual.

Durante a fase fértil, por exemplo, elas tendem a preferir homens com rosto mais quadrado e maxilar largo, pois essa configuração facial sinaliza alta concentração de testosterona, que tem muita relação com força e virilidade. Porém, quando elas estão fora da fase fértil, passam a não se encantar muito por esse tipo de homem e, inclusive, a considerá-los como mais promíscuos.

Isso implica que, na fase fértil, homens mais másculos são considerados atraentes e bons pais, enquanto que no período não fértil, a avaliação muda completamente. Sim, ao que tudo indica, a chance de um homem formar uma boa primeira impressão, aos olhos de uma mulher, depende muito da fase do ciclo menstrual em que ela se encontra, naquele momento.

PIERCINGS, TATOOS & PERSONALIDADE

Há quem defenda que ornamentações corporais (piercings e tatuagens) provocam uma má impressão inicial. Essa consideração está, apenas parcialmente, correta. Sabemos sim, que alguns indivíduos consideram estes sujeitos menos atraentes e até menos inteligentes (devido ao "Efeito Halo"), mas isso não é uma regra. Apenas aqueles com determinados traços de personalidade tendem a pensar dessa forma, fazendo associação negativa. Já os indivíduos com uma personalidade mais "aberta para o novo" consideram-nos mais atraentes e sensuais que a média.

Mas, afinal, porque há essa diferença de julgamento?

A resposta para isso é porque os piercings e tatuagens indicam coisas diferentes, que serão importantes para pessoas diferentes, com base na personalidade delas. Por exemplo, uma equipe de pesquisadores, recentemente, descobriu que estes elementos servem como sinalização de qualidade genética, especialmente do sistema imunológico. Afinal, as tatuagens são – em essência – uma agressão ao corpo e, numa situação de fraqueza imunológica, podem provocar sérias consequências, como infecções graves, que muitas vezes exigem a retirada da arte (quando não daquela parte do corpo). Logo, mostrar que seu corpo não rejeitou o piercing ou a tatuagem é uma forma de reforçar ainda mais, que você possui uma saúde privilegiada.

A princípio, não haveria motivo para uma parte da população sentir preconceito, pois essas pessoas poderiam ser exemplo de beleza para todas as outras. Porém, há um detalhe nessa história. A arte corporal também está relacionada com uma maior tendência a "comportamento de risco".

Recentemente, o psicólogo Nicolas Guéguen publicou alguns artigos demonstrando que ter piercings e tatuagens se correlaciona com o uso de drogas, tanto em adolescentes quanto em adultos. Uma correlação mediada por essa maior tendência ao risco. É como se as pessoas com estas ornamentações gostassem de experimentar novas sensações. Além disso, os homens (em média) acham que mulheres tatuadas são mais "fáceis", e se aproximam delas, mais rapidamente, acreditando que terão uma maior chance de conseguir sexo casual. Essa é uma razão pela qual essas mulheres tatuadas tendem a ser mais assediadas, e até explica um pouco a "marginalização" desses ornamentos.

O fato é que nem todos apreciam um(a) parceiro(a) impulsivo(a). Geralmente, só quem já gosta do risco, é que aprecia quem gosta de risco. Isso talvez explique porque o preconceito contra pessoas tatuadas é menor naqueles indivíduos que também são tatuados, pois eles têm uma grande chance de combinar, em termos de personalidade. Mais do que demonstrar o papel da arte corporal, este trecho teve como objetivo deixar bem claro o quanto características individuais (como traço de personalidade) influenciam na maneira como formamos a primeira impressão de alguém.

CAPÍTULO CINCO

Confiança

Conforme descrito anteriormente, a atribuição do grau de confiança a alguém é um dos aspectos mais importantes da primeira impressão, afinal, saber em quem podemos confiar pode ser a diferença entre a vida e morte em muitos contextos.

De fato, estamos tão adaptados a isso, que conseguimos julgar, com base numa fotografia apresentada durante míseros 33 milissegundos, se alguém é ou não é digno de nossa confiança. Talvez essa seja uma das avaliações sociais mais rápidas que existem. Se você resgatar na memória, vai se lembrar do "*princípio da detecção de fumaça*" e recordará, que tendemos a desconfiar, para depois confiar, pois essa é a estratégia que nos causa menor dano. Tal lógica, no entanto, parece inverter conforme vamos ficando mais velhos. Uma pesquisa recente revelou que os idosos confiam muito mais na primeira vista. Essa, possivelmente, é a explicação pela qual essa faixa etária é mais vítima de golpistas.

Uma das pistas, que buscamos na hora de julgar, se a pessoa é ou não confiável, é a expressão facial dela, naquele exato momento. A expressão raiva, por exempo, é considerada muito pouco confiável, isso porque ela indica uma possível intenção de nos atacar. Já a expressão de alegria é considerada bastante confiável. Vale ressaltar, que a alegria é geralmente uma expressão analisada de maneira equivocada, isso porque temos a tendência a privilegiar a identificação da contração do músculo zigomático superior (que forma o sorriso em si). Porém, sozinho, ele pode indicar aquilo que chamamos de "sorriso falso" ou "forçado", que vem a ser uma "máscara", geralmente criada deliberadamente, para disfarçar alguma outra emoção, tendo em vista a facilidade de contrair voluntariamente este músculo. No entanto, o "sorriso verdadeiro" é caracterizado pela adição da contração do músculo orbicular (que fica ao redor dos olhos). Isso porque a contração voluntária dessa região é muito difícil de forjar, o que torna essa uma ação desaconselhável, quando alguém quer falsificar uma emoção. Logo, se a pessoa está mesmo contraindo o orbicular, é porque provavelmente está alegre de verdade. Nesse caso, aquele ditado: "*quem sorri de verdade, o faz com os olhos*" faz absoluto sentido, à luz da ciência psicológica.

Faço essa ressalva, pois, quando uma pessoa expressando o sorriso verdadeiro é comparada a ela mesma com sorriso falso, vê-se que a primeira versão é muito melhor avaliada quanto ao grau de beleza, competência, inteligência e confiança. Por isso, é bom tomar cuidado, no momento de ser fotografado para alguma propaganda. Procure (antes do *flash*) lembrar-se de algum momento feliz da sua vida. Essa memória, em pouco tempo, despertará a felicidade autêntica, que permitirá a expressão da alegria genuína, e assim, você formará uma melhor impressão inicial.

Outra característica, que influencia bastante na percepção da confiança, é a proximidade e o contato (toque interpessoal). Indivíduos que interagem conosco de uma forma mais íntima, e que recebem nossa permissão para fazê-lo, são considerados mais confiáveis. Porém, é importante frisar que há um limite para isso. Estranhos, que se aproximam demais da gente, deixam de ser considerados confiáveis e passam a ser vistos como abusados, ou mesmo ameaçadores.

Talvez essa seja uma das explicações (não a única, claro) para o fato de que, ao andarmos num ônibus lotado – em que pessoas desconhecidas estão a uma distância de menos de um palmo uma das outras – tendemos a nos sentir muito mais desconfiados de todo mundo.

Na maioria das vezes, a aproximação mais íntima com um desconhecido é permitida, apenas por um breve momento, geralmente para um aperto de mão inicial. Contudo, apesar de parecer algo bobo, e até dispensável, um simples aperto de mão faz toda a diferença, na hora de formar uma primeira impressão. Tendo isso em mente, é possível pensar, que o resultado da pesquisa, a seguir, pode ser aplicado ao contexto de sala de aula, com o objetivo de melhorar a relação professor-aluno. Afinal, nela, os professores foram instruídos a (no primeiro dia de aula) apertar a mão de alguns alunos da turma, e não a de outros. Ao final daquela aula, os pesquisadores entregaram questionários, para que os estudantes avaliassem o professor em vários domínios. Resumindo sem distorcer, aqueles que receberam o aperto de mão avaliaram o professor como sendo muito mais confiável e competente, em comparação àqueles que não foram cumprimentados. Neste estudo em questão, eles não avaliaram variação hormonal nos participantes, porém, sabe-se, com base em outras investigações, que o toque terno interpessoal tem a incrível capacidade de estimular a liberação de oxitocina, um neuropeptídeo reconhecidamente relacionado à sensação de confiança. Ou seja, ao ser tocado de maneira carinhosa e respeitosa por alguém (como num aperto de mão) aumenta-se os níveis de oxitocina e passa-se a sentir maior conexão com aquela pessoa.

Aqui vale um alerta! Intuitivamente, muitos golpistas acabam reconhecendo que funcionamos dessa forma, e usando isso em benefício próprio. Por essa razão, a velhinha que deseja te vender o "bilhete premiado", dificilmente estará distante e com cenho franzido. Muito pelo contrário! Por querer conquistar sua confiança, ela virá com um sorriso de orelha a orelha, se aproximará na medida certa e poderá, inclusive, tocar você. Caso não tome cuidado, baixará a guarda e cairá no golpe, sem sequer perceber. "*Onde foi que eu errei?*" você se questionará, após tomar consciência do golpe, que recebeu: "*Deu muito valor à primeira impressão!*" é a resposta.

"VOCÊ ME LEMBRA ALGUÉM..."

Às vezes, batemos os olhos numa pessoa e, imediatamente, acreditamos que a conhecemos há muito tempo, passando a confiar nela quase instantaneamente, por causa disso. Após um tempo de reflexão, conseguimos concluir, que aflorou uma simpatia imediata, pois ela nos lembra alguém de quem gostamos. Isso pode acontecer tanto pela semelhança de fisionomia, quanto de vestuário, tom de voz, ou mesmo a maneira de falar e/ou se comportar... Enfim, tendemos a gostar de pessoas que se parecem (de algum modo) com outras de quem já gostamos.

Uma das razões, para explicar este fenômeno, é a característica da nossa espécie de atribuir grau de parentesco às pessoas, ainda que não exista. Indivíduos parecidos, para o nosso cérebro, possivelmente são parentes. Nesse caso, têm traços em comum. Como têm traços em comum, se comportam de forma semelhante. Como se comportam de forma semelhante, essa nova pessoa irá agir (no futuro) de forma parecida com a outra em quem confiamos. Logo, vale a pena confiar nela também.

Você já deve ter imaginado, que isso nem sempre dá certo, não é? Afinal, muitos se parecem bastante, mas não possuem qualquer relação de parentesco. Esse é só mais um exemplo de como nosso cérebro está desadaptado à sociedade atual, e como ainda somos regidos por esses mecanismos psicológicos, que um dia serviram para alguma coisa (afinal, num grupo pequeno de indivíduos, semelhança física quase sempre era sinal de parentesco), mas que, hoje em dia, não servem, e podem até nos atrapalhar. O prejuízo ocorre tanto quando confiamos em alguém à primeira vista, porque ela se parece com alguém de quem gostamos, quanto quando não confiamos em alguém, porque se parece com quem não gostamos. Nesse caso, negamos a chance de aproximação a uma determinada pessoa "x", pelo simples fato de ela se parecer com a pessoa "y", por quem nutrimos algum desafeto pessoal. Por isso, reconhecer a influência, que a similaridade exerce na primeira impressão, é fundamental, para evitar cair nessa armadilha do nosso próprio cérebro desatualizado à sociedade moderna.

SOMOS PRECEDIDOS PELA FAMA

Curiosamente, algumas pessoas defendem, que a "reputação" é um constructo inútil, e que zelar por ela seria uma atitude totalmente desnecessária. Felizmente, a maioria parece não pensar assim. Afinal, em muitas situações, a nossa reputação funciona, como uma prévia para a primeira impressão, principalmente no que diz respeito à nossa tendência à cooperação. Faz parte da nossa natureza, confiar em pessoas que já se mostraram confiáveis no passado, e desconfiar daquelas que trapacearam. Esse dossiê sobre o indivíduo, muitas vezes nos é passado por outras pessoas que já se relacionaram com o mesmo, noutra ocasião, através – principalmente – da fofoca. Se alguém, em quem confiamos, faz uma péssima propaganda sobre fulano, começamos o relacionamento com ele já com o pé atrás, e isso pode pesar ainda mais na hora de criarmos uma impressão negativa (lembrando, que essa já é uma tendência inicial). Já aqueles com boa reputação social não apenas são percebidos como mais confiáveis, como também temos uma motivação maior, para cooperar com eles.

Recentemente, uma pesquisa demonstrou que, ao interagir com pessoas possuidoras de boa reputação, ativamos muito mais nosso circuito de recompensa, diante da oportunidade de ajudá-la de alguma forma. Ou seja, somos mais solícitos com quem sabemos que são confiáveis. O contrário vale para os casos em que interagimos com o dono de uma má reputação.

Evidentemente que é impossível controlar o pensamento, que os outros nutrem sobre nós. Mas, é muito importante, que zelemos pela nossa reputação, desmentindo fofocas e esclarecendo, se quisermos causar uma boa primeira impressão.

CAPÍTULO SEIS
Agressividade

Quando falamos em confiança, falamos em saber diferenciar adequadamente aquele que irá cooperar conosco, daquele que poderá nos passar a perna. Num caso mais extremo, diz respeito ao discernimento assertivo entre quem vai nos estender a mão, e quem nos dará um soco. Por isso, confiamos tanto nas pessoas que apresentam sinais positivos, quanto naquelas que não apresentam sinais ameaçadores. A pergunta é: quais são esses sinais ameaçadores?

O rosto é uma fonte quase ilimitada de informação sobre o sujeito. No passado, uma doutrina oriental chamada *fisiognomonia* se dedicou a relacionar determinados formatos do rosto a determinadas características de personalidade, o que levou à criação de muitos manuais sobre isso. Por exemplo, os fisiognomonistas advogam que uma testa mais larga sinaliza uma mente mais aberta.

Recordo-me que, por volta dos 15 anos de idade, dediquei-me a estudar por conta própria a fisiognomonia, baseando-me num livro brasileiro bem didático sobre isso, e em alguns sites de internet. Em pouco tempo, passei a me considerar 'o rei da cocada preta'. Alguém como "*O Mentalista*", que conseguia avaliar uma pessoa por completo, em poucos segundos. Lembro-me, como se fosse hoje, de analisar em segredo o rosto das pessoas na rua, crente de que eu sabia mais sobre elas, que elas mesmas. Mas, analisar completos desconhecidos é muito fácil. O encanto se quebrou, quando fui avaliar uma amiga minha, porque nada batia com a real personalidade dela e, inclusive, algumas das conclusões eram completamente opostas. Neste ponto, comecei a perceber o quanto a fisiognomonia não servia para absolutamente nada, e como eu estava aquele tempo todo julgando os outros à toa. Naquela época, eu não entendia, mas hoje percebo, que a razão da minha análise fracassada é porque, aquele manual didático, apresentava "pistas" totalmente arbitrárias, sem qualquer compromisso com a metodologia científica. Por isso, que, hoje em dia, esse tipo de material não deve ser levado a sério, e precisa ser considerado apenas como um componente da história do pensamento.

Todavia, os cientistas atuais estão começando a investigar experimental e sistematicamente o quanto que determinadas configurações faciais, realmente estão relacionada a características psicológicas, e chegando a algumas considerações, que nos ajudam a desvendar os mistérios do rosto humano (que não tem nada a ver com as descritas nos manuais de fisiognomonia).

Na última década, uma das principais descobertas nessa área foi a relação entre traços de personalidade e padrões de comportamento, com a chamada "razão largura-altura facial". Não precisa ser um cientista, para perceber que o rosto de mulheres e homens diferem entre si. Essa diferença, geralmente, começa a aparecer por volta dos 14 anos de idade e, antes disso, meninos e meninas têm um formato de rosto muito parecido. Por isso, que pode ser complicado você dizer se uma criança pequena é menino ou menina com base unicamente no rosto dela, mas essa dificuldade é bem menor, quando se trata de identificar o sexo com base no rosto de jovens adultos.

Durante a puberdade, devido ao aumento da testosterona, a face masculina tende a se desenvolver de forma diferente. A distância entre os dois ossos zigomáticos tende a ser maior. Em suma, por causa da ação deste hormônio, a face masculina é – em média – mais larga, que a feminina, enquanto que a altura não difere muito. Para calcular a proporção "*razão largura-altura facial*" basta fazer o seguinte: imagine um ponto central entre suas sobrancelhas, e outro ponto central imediatamente acima do seu lábio superior. Meça a distância entre esses dois pontos e terá a "*altura de sua face*". Agora, meça a distância entre o limite do osso zigomático de ambos os lados e terá a "*largura de sua face*". Divida o resultado da largura, pela altura.

O efeito da testosterona sobre o comportamento, já foi exaustivamente estudado. Descobriu-se que esse hormônio está principalmente relacionado à impulsividade e agressividade. Logo, se uma maior razão largura-altura facial acontece devido à maior ação da testosterona, mesmo sem qualquer noção de fisiologia, ao longo do processo evolutivo foi instalado em nosso cérebro um programa psicológico capaz de avaliar rapidamente essa proporção no rosto alheio e, com base nela, julgar se aquela pessoa é ou não é uma agressora em potencial. Inclusive, as pessoas tendem a achar que indivíduos com um rosto mais largo estão raivosos, mesmo quando sua expressão é neutra. Essa pode ser uma das principais razões pela qual essas pessoas são consideradas mais ameaçadoras. Afinal, a raiva é uma emoção que sinaliza, principalmente, a intenção de causar dano a algo ou alguém.

Nesse momento, convido você a pensar em alguma coisa que lhe deixe com bastante raiva. Em poucos instantes, passará a sentir a raiva genuína, e seu cérebro enviará aos músculos faciais a ordem, para criar a contração específica e universal desta emoção. Caso você se olhe no espelho sob o estado da raiva, perceberá, que sua fisionomia mudou bastante. Provavelmente, seus lábios ficaram apertados e seu queixo mais pronunciado, o que impulsionou sua boca um pouco mais para cima. Além disso, suas sobrancelhas se uniram e desceram, logo, a "altura" do seu rosto ficou menor, consequentemente, sua razão largura-altura ficou maior. Ou seja, a raiva fez seu rosto parecer mais largo, logo, ameaçador.

Por isso, dizemos que a razão largura-altura facial revela fortes tendências comportamentais dos sujeitos, especialmente no que diz respeito ao potencial de agressividade. Essa avaliação, independe do grupo étnico ao qual a pessoa pertence, e é mais assertiva, quando feita por adultos, em comparação com as crianças. E, quando analisamos rostos femininos, conferimos uma importância menor a essa proporção no momento de julgar o potencial de agressividade delas, demonstrando que essa parece ser uma pista mais relevante, para analisar homens.

A pergunta da vez é: quão precisa é essa relação entre a proporção e a conduta agressiva? Já sabemos que essa proporção está diretamente relacionada ao nível de testosterona, e que altas concentrações deste hormônio são encontradas em pessoas mais agressivas e/ou violentas. Contudo, recentes pesquisas foram realizadas, no sentido de esclarecer a relação entre essa proporção e alguns comportamentos.

Por exemplo, lutadores de Artes Marciais Mistas (ou MMA), têm um rosto mais largo, quando comparados com pessoas que não praticam tal esporte. Além disso, quanto mais largo o rosto for, melhor a performance do lutador, refletida na maior probabilidade de vencer lutas. Não estou aconselhando ninguém a apostar no lutador com a face mais larga, mas, no caso de uma luta entre dois atletas completamente desconhecidos (sem, portanto, muitas informações acerca de performances anteriores), apostar naquele com razão facial maior, pode aumentar suas chances de embolsar uma grana.

Além disso, sabemos que os homens não lutam apenas dentro do octógono, mas atracam-se também em bares, dentro de casa, no meio da rua (etc) e, esses combates representam um perigo muito maior, pois não há qualquer juiz, zelando pela integridade física dos "lutadores". Não raro, um deles pode até acabar mortalmente ferido. O que uma pesquisa recente descobriu é, que a chance de alguém morrer em um combate corpo a corpo franco, é muito menor, quando o rosto tem uma largura maior. Isso, porque um rosto mais largo indica maior habilidade de luta, o que diminui a chance de ela acabar morrendo, naquele combate.

CULPADO OU INOCENTE?

Seja analisando pessoas comuns, andando pela rua, seja avaliando suspeitos em um julgamento, nos baseamos fortemente na primeira impressão, que formamos quanto à tendência do outro à criminalidade. Três características compõem essa avaliação.

A primeira é a beleza, já definida anteriormente como sendo um sinal objetivo de saúde e qualidade genética e que, por isso, somos programados para considerar o que é bonito, como sendo bom. Criminosos mais atraentes, por exempo, são menos suspeitos e, mesmo quando condenados, tendem a receber penas mais brandas. Isso me remete a um programa de TV, que assisti recentemente, cujo objetivo era verificar a eficiência dos porteiros de condomínio de luxo, quanto a proibir a entrada de estranhos, e assim reduzir o risco de assalto. Quando se tratavade uma desconhecida atraente, o porteiro não exigia quase nenhuma identificação, e prontamente autorizava sua entrada. Isso pode ser muito perigoso, pois as quadrilhas parecem conhecer intuitivamente essa tendência humana, e contratam mulheres lindas para "abrir a porta", permitindo a entrada dos comparsas (já de tocaia), que rendem o vigia e fazem um "arrastão". Eu já escrevi isso em outro momento, mas vou repetir: "*Onde foi que eu errei?*", você se questionará, após tomar consciência do assalto: "*Deu muito valor à primeira impressão!*" é a resposta.

A segunda pista utilizada é a neotenia, que é um termo empregado para designar a permanência de características físicas tipicamente infantis, na idade adulta. Pessoas com rosto mais neotênico têm uma aparência infantilizada, caracterizada – principalmente – pela largura da boca igual à largura do nariz, olhos bem redondos e rebaixados, e testa alta. Indivíduos neotênicos são considerados mais ingênuos e frágeis, logo, menos propensos a cometer crimes e, caso cometam, são considerados "vítimas das circunstâncias" e acabam recebendo uma pena menor.

Por fim, mas não menos importante, a razão largura-altura facial também é utilizada, para avaliar o potencial de criminalidade de alguém. Aqueles com o rosto mais largo são considerados ameaçadores, e com maior propensão criminosa.

As evidências nos levam a crer, que pessoas mais atraentes, neotênicas e com um rosto mais fino são consideradas menos propensas a cometer crimes, enquanto que aquelas menos atraentes, menos neotênicas e com o rosto mais largo acionam em nós uma percepção mais negativa. Curiosamente, acertamos muito nessa rápida avaliação. Conseguimos, mais que ao acaso, diferenciar quem é, de quem não é criminoso, com base unicamente na fotografia do rosto. Isso nos diz, que há outras pistas, além das citadas acima, que utilizamos para formar esta impressão inicial quanto à criminalidade, afinal, beleza, neotenia e proporção largura-altura facial não são elementos suficientes, para explicar essa altíssima margem de acerto. Muito provavelmente, nos próximos anos, o mecanismo específico envolvido nesse processo será melhor identificado e descrito. Por enquanto, basta saber, que não devemos nos levar pela aparência, e precisamos exigir de qualquer desconhecido, o máximo de informação possível, antes de abrir o portão. Siga a regra do "falso-positivo" e a chance de tudo ficar bem, será maior.

CAPÍTULO SETE

Liderança

Provavelmente, você já deve ter percebido que o tema "primeira impressão" desperta grande interesse, por parte das empresas e organizações, que constantemente investem no treinamento dos profissionais de recrutamento e seleção, para que eles prestem atenção em determinadas "pistas", e assim consigam selecionar o candidato mais adequado ao cargo. Porém, é necessário esclarecer, desde já, que os sinais discutidos na sequência devem ser utilizados apenas como um complemento à análise do currículo e aspirações do candidato, e nunca como uma evidência absoluta.

Gostamos de líderes que esbanjam saúde, pois eles precisam de resistência, para aguentar as adversidades, até o final. Por isso, a pista quanto à saúde do indivíduo é muito utilizada, no momento de avaliar se ele tem competência para liderar. Inclusive, no momento em que analisamos a mera fotografia de alguém, com o intuito de inferir se tal pessoa tem alguma competência para liderar, uma das pistas que buscamos observar é o nível de adiposidade facial, que se relaciona de maneira bastante precisa com o Índice de Massa Corpórea (IMC). Ou seja, quanto mais gorda a face de alguém, mais gorda ela é por inteiro. E o sobrepeso tem uma relação muito estreita com problemas de saúde. Logo, pessoas gordas são consideradas menos competentes (e incapazes de liderar), por sinalizarem uma possível debilidade física. É claro que há exemplos no mundo de grandes líderes obesos, como Gabe Newell (CEO da Valve Corporation), mas isso só serve para mostrar, que não podemos concluir algo sobre um indivíduo, com base na média da população a que ele pertence. Ou seja, é preciso entender, que há obesos altamente competentes para liderar, e magros sem qualquer capacidade para isso.

Outra característica é a expressão facial. Líderes competentes são aqueles, que conseguem motivar as outras pessoas na realização de alguma tarefa, e não nos motivamos muito, ao ver alguém triste. Por isso, a expressão de tristeza prejudica bastante na atribuição de competência/liderança a alguém.

O terceiro traço importante a ser considerado aqui, é a razão largura-altura facial. Tendemos a considerar sujeitos com faces mais largas como sendo mais competentes e melhores líderes, conforme relatou uma investigação publicada recentemente na *British Journal of Psychology*. Além disso, outra recente investigação demonstrou que tais indivíduos não apenas são considerados mais propensos a liderar, como lideram melhor. Esse resultado nos induz à reflexão sobre o papel da razão largura-altura facial, e leva à conclusão de que tal medida não se relaciona apenas com a tendência à agressividade e às habilidades marciais desenvolvidas, mas também com a liderança. Isso significa que ela não é uma medida específica para uma única característica cognitiva e comportamental, e por isso precisamos tomar muito cuidado com avaliações precipitadas. Um lutador (mesmo o Chuck Norris) não necessariamente será também um líder, assim como um líder não, necessariamente, será também um lutador. Mas há algo que une estas duas competências: a testosterona. Tanto o lutador, quanto o líder, precisam desse hormônio para funcionar direito. No fim das contas, a razão largura-altura facial pode ser interpretada como um "*sinal de honestidade*" da quantidade de testosterona, que vai se manifestar de diferentes formas, em diferentes indivíduos, com base na personalidade e história de vida deles.

É curioso refletir sobre uma coisa, antes de prosseguir. Não é raro vermos, em revistas populares, alguma publicação no sentido de identificar quais profissões possuem uma maior incidência de psicopatas, e que estas consideram o meio empresarial como um dos principais quartéis generais desses indivíduos. Talvez haja um pouco de verdade nessa constatação, e ela se dê pelo fato de confundirmos naturalmente um sinal de agressividade/violência com um que indica competência/liderança. Logo, pessoas com rosto mais largo, sem qualquer competência (mas que parecem ter, devido à sua razão facial) acabam sendo admitidas na empresa. Por isso, é necessário conhecer não apenas nossa tendência de formar a primeira impressão, mas o risco envolvido, quando fazemos essa avaliação errada, e nos policiarmos, para não contratarmos como líderes, estas pessoas que precisam de um tratamento.

Agora, é preciso transpor a barreira de um medo, politicamente correto, bastante arraigado: o da diferença de gênero no mercado de trabalho. Apesar de toda a revolução cultural das últimas décadas, que permitiu às mulheres ascenderem no mercado de trabalho, o mundo corporativo continua essencialmente masculino. As mulheres estão competindo cada vez mais, mas a dominância continua sendo dos homens. Afinal, a cultura empresarial exige e premia, características tipicamente masculinas, como o manejo do risco e a competição acirrada, ambas fortemente relacionadas à testosterona. Nesse ponto, as mulheres – em média – saem em desvantagem, e por isso têm muito mais dificuldade, para conseguir cargos de destaque. Por isso, ao saber que uma maior razão largura-altura facial indica maiores concentrações de testosterona, e reconhecer que este hormônio está fortemente relacionado a atributos, que gostamos de ver num líder, tendemos a usar esta informação, na hora de atribuir a alguém um potencial de competência para liderar. E podemos nos dar mal.

Além da face, o nível de testosterona de alguém pode ser inferido com base no tom de voz. Um tom mais grave está relacionado a maiores quantidades de testosterona. De acordo com recente investigação, homens com voz mais grave tem mais chance de chegar ao grau de liderança, gerenciar melhor a empresa e se manter nesse posto, por mais tempo.

Mas, não desanime, caso não tenha uma voz grossa, ou rosto largo, pois nem tudo está perdido! Apenas certifique-se de que informou ao profissional do RH fontes confiáveis que atestam sua competência profissional. Essas informações adicionais podem fazer aquilo que chamamos de "*atualização da primeira impressão*", ou seja, a pessoa pode passar a te enxergar com novos olhos, diante das novas informações, que recebeu sobre você, principalmente aquelas que podem ser referenciadas por outras pessoas.

Ainda há outro aspecto a se considerar no momento de avaliar competência para a liderança: o cabelo.

Nosso cabelo não serve somente para ser pintado e/ou penteado. Ele funciona como uma pista muito importante para uma série de atributos considerados relevantes durante a primeira impressão. Por exemplo, os homens avaliam mulheres com cabelo longo como sendo mais determinadas, inteligentes, independentes e saudáveis. Já aquelas com cabelo curto são vistas como honestas, cuidadosas e emocionais. Em média, a cultura empresarial prefere como líderes mulheres com as primeiras características, logo, aquelas com cabelo comprido, geralmente, tem uma vantagem profissional (lembrando que "*todas as rosas têm espinhos*", como já disse, anteriormente).

Mas, porque o cabelo muda a primeira impressão, que os outros formam sobre nós?

Toda mulher, provavelmente, sabe que, mesmo com a tecnologia cosmética disponível hoje no mercado, manter o cabelo saudável é difícil, e que a dificuldade aumenta, exponencialmente, em função do comprimento dele. Isso acontece, porque qualquer variação nos nutrientes orgânicos (ou mesmo alguma doença específica) pode ocasionar perda da quantidade ou da qualidade do cabelo. Em suma, ele é extremamente sensível à condição do organismo como um todo. Ou seja, corpo saudável, cabelo saudável; corpo debilitado, cabelo debilitado.

Já expliquei anteriormente que a beleza está relacionada à percepção de sinais que indiquem saúde individual. Alguém com imunidade mais eficiente, dificilmente adoece gravemente. Nesse caso, consegue – por consequência – manter um cabelo mais saudável por mais tempo. Isso implica que pessoas com cabelo mais longo e saudável serão consideradas mais atraentes. Independente das facilidades atuais, para manter um cabelo mais apresentável, somos biologicamente programados, para continuar acreditando, que aquelas com cabelos longos e hidratados são mais atraentes, saudáveis e competentes. Provavelmente, essa relação entre cabelo e competência é a principal razão do desespero feminino, diante de qualquer sinal de queda capilar, e porque a queda total de cabelo, devido à quimioterapia, afeta tão mais a autoestima feminina, que a masculina. Elas temem, que mais do que aqueles fios caindo, sua virtude se esvaia pelo ralo.

E, quanto aos homens, não se preocupam com a calvície?

Evidentemente, que sim. Basta se lembrar do clássico episódio da segunda temporada de "*Os Simpsons*", em que o Homer adquire cabelo através de um tratamento médico milagroso e – imediatamente – começa a ascender profissionalmente, conseguindo privilégios dentro da usina nuclear, mesmo continuando com o mesmo cérebro debaixo dele.

Entretanto, apesar de existirem muitos casos como o de Homer na vida real, essa preocupação não aflinge de maneira tão significativa os homens. Até porque, ao contrário das mulheres, homens mais velhos são melhores avaliados em muitos atributos, e a queda de cabelo é um sinal de idade. Assim sendo, homens com pouco ou nenhum cabelo são considerados mais sábios e maduros, ambas características muito importantes, inclusive para o cargo de liderança, dependendo do contexto.

Outra vantagem, para galgar grau de liderança é a altura. Pessoas mais altas são consideradas como tendo mais status, prestígio, saúde, inteligência e competência, todas características importantes num líder. Vale ressaltar, contudo, que o gráfico da relação entre competência e altura é curvilíneo. Ou seja, tanto pessoas muito baixas, quanto aquelas desproporcionalmente altas, são consideradas menos competentes. O ideal, portanto, é ter uma altura um pouco acima da média.

Não precisa ser designer de moda ou personal stylist, para perceber o impacto que a vestimenta exerce sobre a formação da primeira impressão. Dependendo do tipo (e da cor) da roupa, conseguimos analisar vários aspectos sobre quem a usa. Por exemplo, homens de terno são considerados mais competentes, e, talvez por isso, este seja o uniforme da maioria absoluta dos líderes. Qual a explicação para esse efeito? Para explicar isso, talvez seja melhor começar por um exemplo semelhante, mas no caso da vestimenta feminina.

"*Aperte mais um pouco*" era o que dizia Cathy Gray (personagem interpretada por Carolyn Jones no clássico "*Museu de Cera*" de 1953) à sua colega de quarto, que a preparava para um encontro, ajudando-a a amarrar o espartilho até quase sufocá-la. Por que as mulheres, daquela época, eram tão fascinadas pelo espartilho? A resposta é: por causa do efeito, que tal adereço, extremamente desconfortável, causava na silhueta delas e, principalmente, no interesse dos homens. De fato, hoje sabemos que homens de qualquer cultura e época, mesmo aqueles nascidos cegos, consideram mulheres com cintura fina e quadris largos (uma medida, que chamamos de "razão cintura-quadril"), significativamente mais atraentes. O espartilho afinava bastante a cintura feminina, e conferia aos seus corpos uma forma de ampulheta, exagerada, irreal, mas sexy. Uma razão cintura-quadril perfeita provoca, tanto o desejo nos homens, quanto a inveja nas outras mulheres.

Já o corpo masculino também tem uma proporção, que exerce efeito semelhante nas outras pessoas. Nesse caso, não se trata da cintura fina, mas dos ombros largos. A ombreira do terno cria a ilusão de que a pessoa tem um ombro mais largo que o real, por isso, passa a ser considerada mais atraente (pelas mulheres) e poderosa (pelos outros homens).

Por fim, pistas não verbais também são utilizadas, no momento de inferir um grau de liderança a alguém. Entretanto, esse aspecto diz respeito a comportamentos específicos, manifestados em contextos específicos. Por exemplo, um grupo de desconhecidos, que precisa interagir durante a realização de alguma tarefa, em poucos segundos, passa a considerar como líder aquele (a) que: fala mais, e interrompe mais os outros. Esses sinais de impertinência, quando justificados (ou seja, quando a pessoa, realmente tinha algo útil a acrescentar) são considerados fortes indicativos de proatividade e liderança. Além disso, uma postura mais expansiva (querendo ocupar mais espaço), característica do orgulho genuíno, reforça ainda mais tal percepção.

Inclusive, Amy Cuddy, uma psicóloga social que ficou bastante famosa em função de uma palestra TED (Technology, Entertainment, Design), bastante comovente, descobriu que, ao expressar, corporalmente uma pose de poder (nos moldes da clássica pose do Superman ou da Mulher Maravilha), durante apenas dois minutos, ocorrem duas mudanças muito significativas na fisiologia: o aumento da testosterona, seguido pelo decréscimo do cortisol (hormônio do stress). Isso significa que, quando você vê alguém expressando orgulho, aquela pessoa realmente está com uma quantidade mais elevada de testosterona, que é o principal hormônio envolvido na liderança. Resta saber, através da conversa, se esta mudança é grande o suficiente, para torná-la uma pessoa apta a liderar efetivamente.

Quero finalizar este capítulo, deixando muito claro, que essas são pistas utilizadas rápida, automática e involuntariamente, quando formamos a primeira impressão sobre alguém, quanto à liderança. No entanto, ainda que algumas delas realmente consigam predizer a capacidade de liderar, nem sempre será assim. A seleção do(a) líder é um processo muito sério, e não pode ser baseado em um mero estereótipo de média. Tenha ciência de que haverá pessoas cuja fisionomia e comportamento diferirão, totalmente, do que acima foi descrito e, no entanto, serão incrivelmente competentes em suas atribuições. Assim como haverá aquelas com todos esses atributos, mas sem qualquer capacidade para liderar. Como todas as demais informações desse livro, este capítulo não deve ser usado como um "*manual de instruções*", para o processo de recrutamento e seleção, mas como uma leitura de conscientização, capaz de nos fazer refletir sobre como funcionamos, e como nem sempre é uma boa ideia nos rendermos a esta primeira impressão.

CAPÍTULO OITO
Orientação Sexual

Quando abordei as funções evolutivas da primeira impressão, uma delas dizia respeito à seleção de parceiro. Em suma, tínhamos que formar uma impressão rápida sobre alguém, para que nos aproximássemos (ou não), com intenções sexuais. Porém, um componente fundamental da abordagem sexual é a reciprocidade. Ou seja, precisamos identificar, se aquela pessoa compartilha o mesmo interesse sexual nosso. Assim, tanto heterossexuais, quanto homossexuais, lucram ao saber discriminar com base em algumas características, quem vale a pena cortejar.

A mídia sensacionalista chama esse programa cognitivo de "gaydar" (radar detector de gays), mas eu não concordo com esse termo, pois ele faz parecer que se trata exclusivamente da capacidade de identificar homossexuais (gays e lésbicas), quando, na verdade, ele é muito mais complexo que isso. O fato é que gays, lésbicas, e heterossexuais conseguem identificar não apenas aqueles que tenham uma orientação sexual diferente da sua, mas também semelhante; e fazem isso, julgando uma fotografia de rosto que lhes é apresentada durante meros 50 milissegundos, com uma precisão de 64,5%.

Mas, afinal, como identificamos a orientação sexual de alguém?

O senso comum gosta de dizer, que inferimos isso com base na vestimenta, em trejeitos específicos e até nas preferências musicais. Mas essas são meras fontes complementares. No caso desses estudos, que se baseiam na análise da fotografia de alguém, nenhuma dessas informações está disponível. Nesse caso, priorizamos mesmo é a configuração facial. Pessoas com o rosto mais quadrado e largo são consideradas mais masculinas, enquanto que aquelas com rosto mais arredondado e fino são consideradas mais femininas. Isso implica em quatro possíveis combinações:

- Sexo Masculino + Rosto Masculino = homem heterossexual.
- Sexo Masculino + Rosto Feminino = homem homossexual.
- Sexo Feminino + Rosto Masculino = mulher homossexual.
- Sexo Feminino + Rosto Feminino = mulher heterossexual.

Os pesquisadores chamam isso de "*teoria da inversão*", pois se baseia num princípio intuitivo de que os gays são como mulheres, enquanto que lésbicas são como homens. Inclusive, essa "*teoria da inversão*" também é adotada no momento de identificar, por exemplo, num casal de homossexuais masculinos, quem é o ativo, e quem é o passivo. Considera-se que aquele com o rosto mais feminino prefere assumir a posição passiva, durante o ato sexual. Surpreendentemente, essa primeira impressão também é bastante assertiva.

Mas, afinal, o que faz essa avaliação ser tão precisa?

O fato é que, por trás desta crença tola e generalista, existe uma verdade científica. Uma das coisas que define a orientação sexual de alguém é o grau de exposição à testosterona, durante desenvolvimento intrauterino, principalmente, nos últimos dois trimestres de gestação. Isso significa que há também, pelo menos, quatro combinações possíveis:

- Sexo Masculino + Alta Testosterona = homem heterossexual.
- Sexo Masculino + Baixa Testosterona = homem homossexual.
- Sexo Feminino + Alta Testosterona = mulher homossexual.
- Sexo Feminino + Baixa Testosterona = mulher heterossexual.

Conforme comentado em outros capítulos, alguém com mais testosterona terá um rosto mais largo e quadrado, pois a razão largura-altura é um sinal de honestidade, quanto à concentração basal deste hormônio no organismo. Logo, de acordo com tal modelo, lésbicas e homens heterossexuais teriam o rosto mais largo e masculino, enquanto que gays e mulheres heterossexuais teriam o rosto mais fino e feminino.

Isso explica a alta probabilidade de acerto, bem como, porque essa não é uma medida 100% assertiva. Afinal, a orientação sexual pode também ser definida por fatores genéticos e epigenéticos, que não têm a ver necessariamente com a testosterona, logo, não estará expressa no rosto. É o caso, por exemplo, do cantor Ricky Martin, que tem uma fisionomia bastante masculina, no entanto, surpreendeu a todos ao revelar ser gay.

Talvez você esteja se perguntando a respeito da bissexualidade e se ela é possível de ser identificada com base na face. Há muito pouco material nesse sentido, mas o psicólogo mais produtivo nessa área, Nicolas Rule publicou um artigo no *Journal of Nonverbal Behavior,* concluindo que as pessoas têm uma dificuldade muito grande em diferenciar homossexuais de bissexuais, apesar de conseguir diferenciar ambos dos heterossexuais. Assim, novas pesquisas serão necessárias, para compreender esse fenômeno.

É importante mencionar, que já foram identificadas algumas variações individuais na capacidade de avaliar a orientação sexual, de alguém com base na face. Por exemplo, as mulheres são melhores nisso, principalmente na hora de analisar um homem. E ficam ainda mais assertivas, quando estão na fase fértil do ciclo menstrual, ou quando estão à procura de parceiros.

Além disso, a precisão é sempre maior, quando se trata da própria orientação sexual. Ou seja, homossexuais conseguem identificar melhor quem é homossexual, em relação aos heterossexuais, por exemplo.

A orientação política de quem está avaliando, também influencia bastante no processo. Por exemplo, conservadores tendem a ser mais rígidos na aplicação da "*teoria da inversão*" e resistentes à mudança dessa impressão inicial. Já os liberais são mais holísticos, fazendo uso de outros elementos, antes de consolidar a impressão sobre a orientação de alguém.

Gostaria, novamente, de salientar que o conteúdo desse capítulo (e do livro, como um todo) representa o conjunto de dados oriundos de pesquisas, que analisaram a média de determinadas populações. Assim sendo, seria realmente uma pena, e até uma impostura intelectual, caso você use isso para justificar seu preconceito. Afinal, ao tomar este texto como um manual de instruções, você corre o risco de julgar alguém de forma, completamente equivocada. Meu objetivo aqui foi demonstrar como a natureza nos equipou com esse programa cognitivo capaz de avaliar a orientação sexual alheia, mas também o quão falho ele pode ser, em determinados momentos. Por isso, devemos compreender, para podermos nos policiar e não cair nessa armadilha de nossa mente.

Diante de um indivíduo qualquer, trate-o como tal, e não como representante de um grupo, apenas por possuir um ou outro atributo representativo desta ou daquela população. E, se, por acaso, tal pessoa realmente for homossexual, não tenha medo de interagir com ela. Afinal, homossexualidade não é doença, nem simboliza nenhum risco real à sociedade, mas o preconceito sim!

CAPÍTULO NOVE

Realidade e Sensibilidade

Assim como a comunicação pode sofrer algum problema com foco, tanto no emissor quanto no receptor, a primeira impressão também pode apresentar alguns problemas de natureza muito semelhante, que explicam porque ela não é formada com precisão total. De acordo com o "*Modelo Realista da Precisão*", quatro coisas precisam acontecer, para que uma impressão seja formada de maneira mais precisa:

1) O avaliado deve emitir uma atitude relevante para o traço. Alguém que não está expressando o sorriso verdadeiro, não será considerado simpático, a primeira vista. Isso porque o ato de sorrir é uma atitude relevante para a atribuição do traço "simpatia".

2) Essa atitude deve ser expressa pelo avaliado, num contexto em que possa ser percebida pelos outros. Não adianta ser risonho dentro das quatro paredes de sua casa, e ficar sério, perante os outros. As pessoas da rua não veem como você se comporta em casa. Elas percebem apenas como você se comporta diante delas, e é com base nisso, que formarão uma impressão sobre você.

3) A atitude deve ser atentamente percebida pelo avaliador. Se aquele que está avaliando não prestar atenção na sua atitude, obviamente, não usará tal informação, na hora de formar uma primeira impressão sobre você. Então, certifique-se de que o outro está atento.

4) A atitude detectada corretamente, precisa ser interpretada corretamente. Mais do que a mera percepção, a interpretação da atitude é fundamental! Por exemplo, um sorriso verdadeiro precisa ser interpretado como tal, para ser considerado um autêntico sinal de simpatia. Se o avaliador não consegue interpretar adequadamente os sinais (talvez, em função de uma baixa *teoria da mente*), acaba por distorcer as pistas e formar uma impressão deturpada sobre o avaliado.

Você deve ter percebido que os dois primeiros tópicos do "*Modelo Realista da Precisão*" dizem respeito à capacidade do avaliado de transmitir as informações, enquanto que os outros dois dizem respeito à capacidade do avaliador de perceber tais informações. Isso porque a primeira impressão é um processo que depende de ambas as partes envolvidas, para ocorrer adequadamente.

Devido a essas diferenças individuais é que uma mesma pessoa pode despertar uma boa primeira impressão em alguém, e uma má, em outro alguém. Por isso, além de reconhecer que todos os sinais tratados até aqui se referem a médias, é necessário ter em mente, que nós também diferimos na capacidade de avaliá-los.

Tudo isso serve para que tomemos consciência de que não devemos confiar cegamente, na primeira impressão, e estarmos sempre dispostos a rever essa análise inicial. Quero concluir este livro, respondendo uma pergunta que, possivelmente, você está se fazendo desde o início: *como podemos formar uma boa impressão, haja vista que ela nos garantirá alguns benefícios interpessoais claros?*

Bom, eu vou responder a ela, por partes, e a primeira parte consiste em esclarecer, porque esta questão é uma armadilha.

Conforme você constatou, a boa aparência física conta muitos pontos para a impressão positiva. No entanto, caso não seja dotado de beleza, a não ser que tenha disposição para se submeter a uma cirurgia plástica, não há muito o que fazer, no sentido de modificar sua fisionomia. Nem tampouco sua vida social está perdida, por causa disso. Afinal, não apenas com base no rosto se forma a impressão de alguém. Há muitos aspectos comportamentais, que são levados em conta.

Todavia, aqui nos deparamos com outro detalhe importantíssimo. A percepção de honestidade é um atributo fundamental, para que alguém forme uma impressão positiva sobre nós. Quando somos considerados mentirosos, ou "*posers*", recebemos uma avaliação muito negativa. O detalhe é que somos capazes de identificar, quando o outro está fingindo, com base na naturalidade de seus comportamentos e emoções. Isso porque, um comportamento ou sentimento falsificado, é expresso de maneira rígida e pouco natural.

Ou seja, caso queira parecer extrovertido, quando na verdade é introvertido, seu comportamento não verbal será bastante esquisito, e você correrá o risco de colocar tudo a perder. Então, como muitos comportamentos são bem específicos de determinadas personalidades, e a personalidade, ainda que possa se modificar ao longo das décadas, é pouco flexível em curto espaço de tempo, também é desaconselhável mexer nesse aspecto. O importante é que você haja com honestidade e naturalidade, e se permita criar boas impressões em algumas pessoas, e más impressões em outras, afinal, é impossível agradar a gregos e a troianos.

"MAS THALES, PUXA VIDA..., VAI TERMINAR O LIVRO ASSIM NO SECO, SEM QUALQUER DICA PRÁTICA?".

Vou dar a única dica, que pode ser utilizada em qualquer contexto, independente do seu grau de atratividade ou traço de personalidade: mantenha o bom humor.

Já vimos, que pessoas alegres são avaliadas mais positivamente que aquelas entristecidas. Mas, mais do que isso, a comédia (quando feita com moderação e respeito às diferenças) é o melhor quebra-gelo que existe. Isso, porque a risada (geralmente, desencadeada após uma boa piada), evolutivamente significa que determinada situação "*está sob controle*", e desencadeia a sensação de segurança (em si mesmo, e nos outros), o que explica porque o riso é considerado como sendo um "*lubrificante social*", facilitando a relação interpessoal e estreitando o vínculo entre as pessoas, mesmo desconhecidas. Então, entreter os outros e despertar risadas são estratégias muito importantes, para formar e manter uma boa impressão.

Tenha certeza, de que há muito mais coisas, para serem discutidas, acerca da "Primeira Impressão", mas meu objetivo aqui foi apresentar os tópicos principais e melhor estudados, até o momento.

Por enquanto, espero, ter convencido você de que somos, realmente, IMPRESSIONANTES!

Referências

1. Ahmad, M., & Fisher, M. (2010). Men's perspectives on women's nonverbal cues of sexual interest. EvoS Journal: The Journal of the Evolutionary Studies Consortium, 2(2), 72-80.
2. Alexander, B. M., Skinner, D. C., & Roselli, C. E. (2011). Wired on steroids: sexual differentiation of the brain and its role in the expression of sexual partner preferences. Neurosteroids, 317.
3. Ambady, N., LaPlante, D., Nguyen, T., Rosenthal, R., Chaumeton, N., & Levinson, W. (2002). Surgeons' tone of voice: a clue to malpractice history. Surgery, 132(1), 5-9.
4. Ambady, N., Krabbenhoft, M. A., & Hogan, D. (2006). The 30-sec sale: Using thin-slice judgments to evaluate sales effectiveness. Journal of Consumer Psychology, 16(1), 4-13.
5. Alrajih, S., & Ward, J. (2014). Increased facial width-to -height ratio and perceived dominance in the faces of the UK's leading business leaders. British Journal of Psychology, 105(2), 153-161.
6. Bailey, P. E., Szczap, P., McLennan, S. N., Slessor, G., Ruffman, T., & Rendell, P. G. (2016). Age-related similarities and differences in first impressions of trustworthiness. Cognition and Emotion, 30(5), 1017-1026.
7. Bak, P. (2010). Sex differences in the attractiveness halo effect in the online dating environment. Journal of Business and Media Psychology, 1(1), 1-7.

8. Balthazart, J. (2011). Minireview: hormones and human sexual orientation. Endocrinology, 152(8), 2937-2947.

9. Baron, S. G., Gobbini, M. I., Engell, A. D., & Todorov, A. (2011). Amygdala and dorsomedial prefrontal cortex responses to appearance-based and behavior-based person impressions. Social cognitive and affective neuroscience, 6(5), 572-581.

10. Baron-Cohen, S. (2004). Diferença essencial. Editora Objetiva.

11. Barraza, J. A., & Zak, P. J. (2009). Empathy toward strangers triggers oxytocin release and subsequent generosity. Annals of the New York Academy of Sciences, 1167(1), 182-189.

12. Bayliss, A. P., Naughtin, C. K., Lipp, O. V., Kritikos, A., & Dux, P. E. (2012). Make a lasting impression: The neural consequences of re-encountering people who emote inappropriately. Psychophysiology, 49(12), 1571-1578.

13. Bechger, T. M., Maris, G., & Hsiao, Y. P. (2010). Detecting halo effects in performance-based examinations. Applied Psychological Measurement, 34(8), 607-619.

14. Bereczkei, T., & Mesko, N. (2007). Hair length, facial attractiveness, personality attribution: A multiple fitness model of hairdressing. Review of Psychology, 13(1), 35-42.

15. Bhanji, J. P., & Beer, J. S. (2013). Dissociable neural modulation underlying lasting first impressions, changing your mind for the better, and changing it for the worse. The Journal of Neuroscience, 33(22), 9337-9344.

16. Biesanz, J. C., Human, L. J., Paquin, A. C., Chan, M., Parisotto, K. L., Sarracino, J., & Gillis, R. L. (2011). Do we know when our impressions of others are valid? Evidence for realistic accuracy awareness in first impressions of personality. Social Psychological and Personality Science, 2(5), 452-459.

17. Blaker, N. M., Rompa, I., Dessing, I. H., Vriend, A. F., Herschberg, C., & Van Vugt, M. (2013). The height leadership

advantage in men and women: Testing evolutionary psychology predictions about the perceptions of tall leaders. Group Processes & Intergroup Relations, 16(1), 17-27.

18. Bolino, M. C., & Turnley, W. H. (2003). Counternormative impression management, likeability, and performance ratings: The use of intimidation in an organizational setting. Journal of Organizational Behavior, 24(2), 237-250.

19. Borkenau, P., Brecke, S., Möttig, C., & Paelecke, M. (2009). Extraversion is accurately perceived after a 50-ms exposure to a face. Journal of Research in Personality, 43(4), 703-706.

20. Brambilla, M., Sacchi, S., Rusconi, P., Cherubini, P., & Yzerbyt, V. Y. (2012). You want to give a good impression? Be honest! Moral traits dominate group impression formation. British Journal of Social Psychology, 51(1), 149-166.

21. Brambilla, M., Riva, P., & Rule, N. O. (2013). Familiarity increases the accuracy of categorizing male sexual orientation. Personality and Individual Differences, 55(2), 193-195.

22. Burriss, R. P., Rowland, H. M., & Little, A. C. (2009). Facial scarring enhances men's attractiveness for short-term relationships. Personality and Individual Differences, 46(2), 213-217.

23. Cárdenas, R. A., & Harris, L. J. (2007). Do women's preferences for symmetry change across the menstrual cycle?. Evolution and Human Behavior, 28(2), 96-105.

24. Carré, J. M., McCormick, C. M., & Mondloch, C. J. (2009). Facial structure is a reliable cue of aggressive behavior. Psychological Science, 20(10), 1194-1198.

25. Carré, J. M., Morrissey, M. D., Mondloch, C. J., & McCormick, C. M. (2010). Estimating aggression from emotionally neutral faces: which facial cues are diagnostic?. Perception, 39(3), 356-377.

26. Czarna, A., & Szmajke, A. (2011). Can cigarette smoking make a man appear sexier and stronger to women?. studia psychologiczne, 49(5), 23-40.

27. Dagger, T. S., Danaher, P. J., Sweeney, J. C., & McColl -Kennedy, J. R. (2013). Selective halo effects arising from improving the interpersonal skills of frontline employees. Journal of Service Research, 16(4), 488-502.

28. Dayan, S., Clark, K., & Ho, A. A. (2004). Altering first impressions after facial plastic surgery. Aesthetic plastic surgery, 28(5), 301-306.

29. Dayan, S. H., Lieberman, E. D., Thakkar, N. N., Larimer, K. A., & Anstead, A. (2008). Botulinum toxin a can positively impact first impression. Dermatologic Surgery, 34(s1), S40-S47.

30. DeBruine, L. M., Jones, B. C., & Perrett, D. I. (2005). Women's attractiveness judgments of self-resembling faces change across the menstrual cycle. Hormones and Behavior, 47(4), 379-383.

31. De Souza, A. A. L., Baião, V. B. U., & Otta, E. (2003). Perception of men's personal qualities and prospect of employment as a function of facial hair. Psychological reports, 92(1), 201-208.

32. Ding, J. Y., & Rule, N. O. (2012). Gay, straight, or somewhere in between: Accuracy and bias in the perception of bisexual faces. Journal of Nonverbal Behavior, 36(2), 165-176.

33. Durante, K. M., Li, N. P., & Haselton, M. G. (2008). Changes in women's choice of dress across the ovulatory cycle: Naturalistic and laboratory task-based evidence. Personality and Social Psychology Bulletin.

34. Eisenkraft, N. (2013). Accurate by way of aggregation: Should you trust your intuition-based first impressions?. Journal of Experimental Social Psychology, 49(2), 277-279.

35. Elliot, A. J., & Niesta, D. (2008). Romantic red: red enhances men's attraction to women. Journal of personality and social psychology, 95(5), 1150.

36. Feizy, R., Wakeman, I., & Chalmers, D. (2009, September). Distingushing fact and fiction: Data mining online identities. In Proceedings of 5th International Workshop on Security and Trust Management (STM 2009).

37. Ferrari, C., Vecchi, T., Todorov, A., & Cattaneo, Z. (2016). Interfering with activity in the dorsomedial prefrontal cortex via TMS affects social impressions updating. Cognitive, Affective, & Behavioral Neuroscience, 1-9.

38. Fink, B., Neuser, F., Deloux, G., Röder, S., & Matts, P. J. (2013). Visual attention to and perception of undamaged and damaged versions of natural and colored female hair. Journal of cosmetic dermatology, 12(1), 78-84.

39. Fiske, S. T., Cuddy, A. J., Glick, P., & Xu, J. (2002). A model of (often mixed) stereotype content: competence and warmth respectively follow from perceived status and competition. Journal of personality and social psychology, 82(6), 878.

40. Fiske, S. T., Cuddy, A. J., & Glick, P. (2007). Universal dimensions of social cognition: Warmth and competence. Trends in cognitive sciences, 11(2), 77-83.

41. Franklin Jr, R. G., & Zebrowitz, L. A. (2013). Older adults' trait impressions of faces are sensitive to subtle resemblance to emotions. Journal of nonverbal behavior, 37(3), 139-151.

42. Freeman, J. B., Johnson, K. L., Ambady, N., & Rule, N. O. (2010). Sexual orientation perception involves gendered facial cues. Personality and Social Psychology Bulletin.

43. Friberg, M. (2012). Oxytocin and first impressions. Tese de Doutorado.

44. Funder, D. C. (2012). Accurate personality judgment. Current Directions in Psychological Science, 21(3), 177-182.

45. Gangestad, S. W., & Thornhill, R. (1998). Menstrual cycle variation in women's preferences for the scent of symmetrical men. Proceedings of the Royal Society of London B: Biological Sciences, 265(1399), 927-933.

46. Geniole, S. N., Keyes, A. E., Mondloch, C. J., Carré, J. M., & McCormick, C. M. (2012). Facing aggression: Cues differ for female versus male faces. PLoS One, 7(1), e30366.

47. Gillath, O., Bahns, A. J., Ge, F., & Crandall, C. S. (2012). Shoes as a source of first impressions. Journal of Research in Personality, 46(4), 423-430.

48. Gilron, R., & Gutchess, A. H. (2012). Remembering first impressions: Effects of intentionality and diagnosticity on subsequent memory. Cognitive, Affective, & Behavioral Neuroscience, 12(1), 85-98.

49. Gonçalves, G., dos Santos, J. V., da Silva Gomes, A. I. C., Giger, J. C., & Orgambídez-Ramos, A. (2012). Imagem Pública e Eficácia da Mensagem Junto da Audiência. Psico, 44(1).

50. Grammer, K. (1990). Strangers meet: Laughter and non-verbal signs of interest in opposite-sex encounters. Journal of Nonverbal Bchavior, 14(4), 209-236.

51. Grammer, K., Kruck, K. B., & Magnusson, M. S. (1998). The courtship dance: Patterns of nonverbal synchronization in opposite-sex encounters. Journal of Nonverbal behavior, 22(1), 3-29.

52. Grammer, K., Kruck, K., Juette, A., & Fink, B. (2000). Non-verbal behavior as courtship signals: The role of control and choice in selecting partners. Evolution and Human Behavior, 21(6), 371-390.

53. Gregg, A. P. (2007). When vying reveals lying: The timed antagonistic response alethiometer. Applied Cognitive Psychology, 21(5), 621-647.

54. Guéguen, N. (2009). Menstrual cycle phases and female receptivity to a courtship solicitation: An evaluation in a nightclub. Evolution and Human Behavior, 30(5), 351-355.

55. Guéguen, N. (2012). Color and women attractiveness: When red clothed women are perceived to have more

intense sexual intent. The Journal of social psychology, 152(3), 261-265.

56. Guéguen, N. (2012). Tattoos, piercings, and alcohol consumption. Alcoholism: Clinical and Experimental Research, 36(7), 1253-1256.

57. Guéguen, N. (2012). Tattoos, piercings, and sexual activity. Social Behavior and Personality: an international journal, 40(9), 1543-1547.

58. Guéguen, N. (2013). Tattoo, piercing, and adolescent tobacco consumption. International journal of adolescent medicine and health, 25(1), 87-89.

59. Guéguen, N. (2013). Effects of a tattoo on men's behavior and attitudes towards women: An experimental field study. Archives of sexual behavior, 42(8), 1517-1524.

60. Guido, G., Peluso, A. M., & Moffa, V. (2011). Beardedness in advertising: Effects on endorsers' credibility and purchase intention. Journal of Marketing Communications, 17(01), 37-49.

61. Günaydin, G., Zayas, V., Selcuk, E., & Hazan, C. (2012). I like you but I don't know why: Objective facial resemblance to significant others influences snap judgments. Journal of Experimental Social Psychology, 48(1), 350-353.

62. Hall, J. A., Gunnery, S. D., & Andrzejewski, S. A. (2011). Nonverbal emotion displays, communication modality, and the judgment of personality. Journal of Research in Personality, 45(1), 77-83.

63. Harms, P. D., Han, G., & Chen, H. (2012). Recognizing Leadership at a Distance A Study of Leader Effectiveness Across Cultures. Journal of Leadership & Organizational Studies, 19(2), 164-172.

64. Haselton, M. G., & Buss, D. M. (2000). Error management theory: a new perspective on biases in cross-sex mind reading. Journal of personality and social psychology, 78(1), 81.

65. Haselton, M. G., Mortezaie, M., Pillsworth, E. G., Bleske -Rechek, A., & Frederick, D. A. (2007). Ovulatory shifts in human female ornamentation: Near ovulation, women dress to impress. Hormones and behavior, 51(1), 40-45.

66. Haselton, M. G., & Gildersleeve, K. (2011). Can men detect ovulation?. Current Directions in Psychological Science, 20(2), 87-92.

67. Hehman, E., Leitner, J. B., Deegan, M. P., & Gaertner, S. L. (2013). Facial structure is indicative of explicit support for prejudicial beliefs. Psychological science, 24(3), 289-296.

68. Holtzman, N. S., Vazire, S., & Mehl, M. R. (2010). Sounds like a narcissist: Behavioral manifestations of narcissism in everyday life. Journal of Research in Personality, 44(4), 478-484.

69. Howlett, N., Pine, K., Orakcioglu, I., & Fletcher, B. (2013). The influence of clothing on first impressions: Rapid and positive responses to minor changes in male attire. Journal of Fashion Marketing and Management: An International Journal, 17(1), 38-48.

70. Hugill, N., Fink, B., Neave, N., & Seydel, H. (2009). Men's physical strength is associated with women's perceptions of their dancing ability. Personality and Individual Differences, 47(5), 527-530.

71. Hugill, N., Fink, B., Neave, N., Besson, A., & Bunse, L. (2011). Women's perception of men's sensation seeking propensity from their dance movements. Personality and Individual Differences, 51(4), 483-487.

72. Human, L. J., & Biesanz, J. C. (2011). Through the looking glass clearly: accuracy and assumed similarity in well-adjusted individuals' first impressions. Journal of personality and social psychology, 100(2), 349.

73. Human, L. J., Biesanz, J. C., Parisotto, K. L., & Dunn, E. W. (2012). Your Best Self Helps Reveal Your True Self Po-

sitive Self-Presentation Leads to More Accurate Personality Impressions. Social Psychological and Personality Science, 3(1), 23-30.

74. Human, L. J., Sandstrom, G. M., Biesanz, J. C., & Dunn, E. W. (2012). Accurate first impressions leave a lasting impression the long-term effects of distinctive self-other agreement on relationship development. Social Psychological and Personality Science, 1948550612463735.

75. Iidaka, T., Harada, T., & Sadato, N. (2010). Forming a negative impression of another person correlates with activation in medial prefrontal cortex and amygdala. Social cognitive and affective neuroscience, nsq072.

76. Karremans, J. C., Frankenhuis, W. E., & Arons, S. (2010). Blind men prefer a low waist-to-hip ratio. Evolution and Human Behavior, 31(3), 182-186.

77. Keating, C. F., Randall, D. W., Kendrick, T., & Gutshall, K. A. (2003). Do babyfaced adults receive more help? The (cross-cultural) case of the lost resume. Journal of Nonverbal Behavior, 27(2), 89-109.

78. Kim, H., Choi, M. J., & Jang, I. J. (2012). Lateral OFC activity predicts decision bias due to first impressions during ultimatum games. Journal of cognitive neuroscience, 24(2), 428-439.

79. King-Casas, B., Tomlin, D., Anen, C., Camerer, C. F., Quartz, S. R., & Montague, P. R. (2005). Getting to know you: reputation and trust in a two-person economic exchange. Science, 308(5718), 78-83.

80. Kleiman, S., & Rule, N. O. (2013). Detecting suicidality from facial appearance. Social Psychological and Personality Science, 4(4), 453-460.

81. Kleisner, K., Priplatova, L., Frost, P., & Flegr, J. (2013). Trustworthy-looking face meets brown eyes. PLoS One, 8(1), e53285.

82. Knutson, B. (1996). Facial expressions of emotion influence interpersonal trait inferences. Journal of Nonverbal Behavior, 20(3), 165-182.

83. Kocsor, F., & Bereczkei, T. (2016). First Impressions of Strangers Rely on Generalization of Behavioral Traits Associated with previously Seen Facial Features. Current Psychology, 1-7.

84. Koppensteiner, M., & Grammer, K. (2011). Body movements of male and female speakers and their influence on perceptions of personality. Personality and Individual Differences, 51(6), 743-747.

85. Koppensteiner, M. (2013). Motion cues that make an impression: Predicting perceived personality by minimal motion information. Journal of experimental social psychology, 49(6), 1137-1143.

86. Koziel, S., Kretschmer, W., & Pawlowski, B. (2010). Tattoo and piercing as signals of biological quality. Evolution and Human Behavior, 31(3), 187-192.

87. Koziel, S., & Sitek, A. (2013). Self-assessment of attractiveness of persons with body decoration. HOMO-Journal of Comparative Human Biology, 64(4), 317-325.

88. Krueger, F., McCabe, K., Moll, J., Kriegeskorte, N., Zahn, R., Strenziok, M., ... & Grafman, J. (2005). Neural correlates of conditional and unconditional trust in two-person reciprocal exchange. exchange, 308, 78-83.

89. Krueger, F., McCabe, K., Moll, J., Kriegeskorte, N., Zahn, R., Strenziok, M., ... & Grafman, J. (2007). Neural correlates of trust. Proceedings of the National Academy of Sciences, 104(50), 20084-20089.

90. Krumhuber, E., Manstead, A. S., Cosker, D., Marshall, D., Rosin, P. L., & Kappas, A. (2007). Facial dynamics as indicators of trustworthiness and cooperative behavior. Emotion, 7(4), 730.

91. Kuzmanovic, B., Schilbach, L., Lehnhardt, F. G., Bente, G., & Vogeley, K. (2011). A matter of words: Impact of verbal and nonverbal information on impression formation in high-functioning autism. Research in Autism Spectrum Disorders, 5(1), 604-613.

92. Kuzmanovic, B., Bente, G., von Cramon, D. Y., Schilbach, L., Tittgemeyer, M., & Vogeley, K. (2012). Imaging first impressions: distinct neural processing of verbal and non-verbal social information. Neuroimage, 60(1), 179-188.

93. Lass-Hennemann, J., Kuehl, L. K., Schulz, A., Oitzl, M. S., & Schachinger, H. (2011). Stress strengthens memory of first impressions of others' positive personality traits. PloS one, 6(1), e16389.

94. Lefevre, C. E., Lewis, G. J., Perrett, D. I., & Penke, L. (2013). Telling facial metrics: facial width is associated with testosterone levels in men. Evolution and Human Behavior, 34(4), 273-279.

95. Legg, A. M., & Wilson, J. H. (2013). Instructor touch enhanced college students' evaluations. Social Psychology of Education, 16(2), 317-327.

96. Levenson, R. W., Ekman, P., & Friesen, W. V. (1990). Voluntary facial action generates emotion-specific autonomic nervous system activity. Psychophysiology, 27(4), 363-384.

97. Leshikar, E. D., Cassidy, B. S., & Gutchess, A. H. (2016). Similarity to the self influences cortical recruitment during impression formation. Cognitive, Affective, & Behavioral Neuroscience, 16(2), 302-314.

98. Li, N. P., Griskevicius, V., Durante, K. M., Jonason, P. K., Pasisz, D. J., & Aumer, K. (2009). An evolutionary perspective on humor: sexual selection or interest indication?. Personality and Social Psychology Bulletin.

99. Little, A. C., Jones, B. C., & DeBruine, L. M. (2008). Preferences for variation in masculinity in real male faces

change across the menstrual cycle: Women prefer more masculine faces when they are more fertile. Personality and Individual Differences, 45(6), 478-482.

100. Lyons, M., Lynch, A., Brewer, G., & Bruno, D. (2014). Detection of sexual orientation ("gaydar") by homosexual and heterosexual women. Archives of sexual behavior, 43(2), 345-352.

101. Macapagal, K. R., Rupp, H. A., & Heiman, J. R. (2011). Influences of observer sex, facial masculinity, and gender role identification on first impressions of men's faces. Journal of Social, Evolutionary, and Cultural Psychology, 5(1), 92.

102. Macrae, C. N., Alnwick, K. A., Milne, A. B., & Schloerscheidt, A. M. (2002). Person perception across the menstrual cycle: Hormonal influences on social-cognitive functioning. Psychological Science, 13(6), 532-536.

103. Marzi, T., Righi, S., Ottonello, S., Cincotta, M., & Viggiano, M. P. (2014). Trust at first sight: evidence from ERPs. Social cognitive and affective neuroscience, 9(1), 63-72.

104. Mayew, W. J., Parsons, C. A., & Venkatachalam, M. (2013). Voice pitch and the labor market success of male chief executive officers. Evolution and Human Behavior, 34(4), 243-248.

105. McCabe, D. P., & Castel, A. D. (2008). Seeing is believing: The effect of brain images on judgments of scientific reasoning. Cognition, 107(1), 343-352.

106. McCORMICK, C. Flying in the Evidence of Face: Trusting Instincts in Science and in First Impressions. Lecturer, 6 nov 2011.

107. Mende-Siedlecki, P., Cai, Y., & Todorov, A. (2012). The neural dynamics of updating person impressions. Social cognitive and affective neuroscience, nss040.

108. Mende-Siedlecki, P., Said, C. P., & Todorov, A. (2013). The social evaluation of faces: a meta-analysis of functional neuroimaging studies. Social cognitive and affective neuroscience, 8(3), 285-299.

109. Mende-Siedlecki, P., & Todorov, A. (2016). Neural dissociations between meaningful and mere inconsistency in impression updating. Social cognitive and affective neuroscience, nsw058.

110. Mesko, N., & Bereczkei, T. (2004). Hairstyle as an adaptive means of displaying phenotypic quality. Human Nature, 15(3), 251-270.

111. Meskó, N., Paál, T., & Gábor, B. (2012, September). The Face and Head Hair of Woman. In Proceedings in EIIC -1st Electronic International Interdisciplinary Conference (No. 1).

112. Miller, G., Tybur, J. M., & Jordan, B. D. (2007). Ovulatory cycle effects on tip earnings by lap dancers: economic evidence for human estrus??. evolution and human behavior, 28(6), 375-381.

113. Miller, S. L., & Maner, J. K. (2011). Ovulation as a male mating prime: subtle signs of women's fertility influence men's mating cognition and behavior. Journal of personality and social psychology, 100(2), 295.

114. Mishra, S., & Sritharan, R. (2012). Personality and behavioral outcomes associated with risk-taking are accurately inferred from faces. Journal of Research in Personality, 46(6), 760-764.

115. Mitchell, J. P., Macrae, C. N., & Banaji, M. R. (2005). Forming impressions of people versus inanimate objects: social-cognitive processing in the medial prefrontal cortex. Neuroimage, 26(1), 251-257.

116. Moore, F. R., Filippou, D., & Perrett, D. I. (2011). Intelligence and attractiveness in the face: Beyond the attrac-

tiveness halo effect. Journal of Evolutionary Psychology, 9(3), 205-217.

117. Morhenn, V. B., Park, J. W., Piper, E., & Zak, P. J. (2008). Monetary sacrifice among strangers is mediated by endogenous oxytocin release after physical contact. Evolution and Human Behavior, 29(6), 375-383.

118. Muscarella, F., & Cunningham, M. R. (1996). The evolutionary significance and social perception of male pattern baldness and facial hair. Ethology and Sociobiology, 17(2), 99-117.

119. Neave, N., & Shields, K. (2008). The effects of facial hair manipulation on female perceptions of attractiveness, masculinity, and dominance in male faces. Personality and Individual Differences, 45(5), 373-377.

120. North, M. S., Todorov, A., & Osherson, D. N. (2010). Inferring the preferences of others from spontaneous, low-emotional facial expressions. Journal of Experimental Social Psychology, 46(6), 1109-1113.

121. Olivola, C. Y., & Todorov, A. (2010). Fooled by first impressions? Reexamining the diagnostic value of appearance-based inferences. Journal of Experimental Social Psychology, 46(2), 315-324.

122. Pagliaro, S., Brambilla, M., Sacchi, S., D'Angelo, M., & Ellemers, N. (2013). Initial impressions determine behaviours: Morality predicts the willingness to help newcomers. Journal of Business Ethics, 117(1), 37-44.

123. Park, J. H., & Schaller, M. (2005). Does attitude similarity serve as a heuristic cue for kinship? Evidence of an implicit cognitive association. Evolution and Human Behavior, 26(2), 158-170.

124. Pazda, A. D., Elliot, A. J., & Greitemeyer, T. (2012). Sexy red: Perceived sexual receptivity mediates the red-attraction relation in men viewing woman. Journal of Experimental Social Psychology, 48(3), 787-790.

125. Penton-Voak, I. S., & Perrett, D. I. (2001). Male facial attractiveness: perceived personality and shifting female preferences for male traits across the menstrual cycle. Advances in the Study of Behavior, 30, 219-259.

126. Pfeiffer, T., Tran, L., Krumme, C., & Rand, D. G. (2012). The value of reputation. Journal of the Royal Society Interface, 9(76), 2791-2797.

127. Phan, K. L., Sripada, C. S., Angstadt, M., & McCabe, K. (2010). Reputation for reciprocity engages the brain reward center. Proceedings of the National Academy of Sciences, 107(29), 13099-13104.

128. Quadflieg, S., Vermeulen, N., & Rossion, B. (2013). Differential reliance on the Duchenne marker during smile evaluations and person judgments. Journal of Nonverbal Behavior, 37(2), 69-77.

129. Rabin, M., & Schrag, J. L. (1999). First impressions matter: A model of confirmatory bias. Quarterly journal of Economics, 37-82.

130. Re, D. E., Dzhelyova, M., Holzleitner, I. J., Tigue, C. C., Feinberg, D. R., & Perrett, D. I. (2012). Apparent height and body mass index influence perceived leadership ability in three-dimensional faces. Perception, 41(12), 1477-1485.

131. Re, D. E., & Perrett, D. I. (2014). The effects of facial adiposity on attractiveness and perceived leadership ability. The Quarterly Journal of Experimental Psychology, 67(4), 676-686.

132. Re, D. E., & Rule, N. O. (2016). Making a (False) Impression: The Role of Business Experience in First Impressions of CEO Leadership Ability. Journal of Nonverbal Behavior, 1-11.

133. Re, D. E., & Rule, N. O. (2016). The big man has a big mouth: Mouth width correlates with perceived leadership ability and actual leadership performance. Journal of Experimental Social Psychology, 63, 86-93.

134. Reinhard, M. A., & Sporer, S. L. (2008). Verbal and non-verbal behaviour as a basis for credibility attribution: The impact of task involvement and cognitive capacity. Journal of Experimental Social Psychology, 44(3), 477-488.

135. Renner, B., Schmälzle, R., & Schupp, H. T. (2012). First impressions of HIV risk: it takes only milliseconds to scan a stranger. PLoS One, 7(1), e30460.

136. Renninger, L. A., Wade, T. J., & Grammer, K. (2004). Getting that female glance: Patterns and consequences of male nonverbal behavior in courtship contexts. Evolution and Human Behavior, 25(6), 416-431.

137. Rentfrow, P. J., & Gosling, S. D. (2006). Message in a ballad the role of music preferences in interpersonal perception. Psychological science, 17(3), 236-242.

138. Rezlescu, C., Duchaine, B., Olivola, C. Y., & Chater, N. (2012). Unfakeable facial configurations affect strategic choices in trust games with or without information about past behavior. PloS one, 7(3), e34293.

139. Rhodes, G. (2006). The evolutionary psychology of facial beauty. Annu. Rev. Psychol., 57, 199-226.

140. Rice, W. R., Friberg, U., & Gavrilets, S. (2012). Homosexuality as a consequence of epigenetically canalized sexual development. The Quarterly review of biology, 87(4), 343-368.

141. Rudert, S. C., Reutner, L., Greifeneder, R., & Walker, M. (2017). Faced with exclusion: Perceived facial warmth and competence influence moral judgments of social exclusion. Journal of Experimental Social Psychology, 68, 101-112.

142. Rule, N. O., & Ambady, N. (2008). Brief exposures: Male sexual orientation is accurately perceived at 50ms. Journal of Experimental Social Psychology, 44(4), 1100-1105.

143. Rule, N. O., & Ambady, N. (2008). The face of success inferences from chief executive officers' appearance predict company profits. Psychological science, 19(2), 109-111.

144. Rule, N. O., Ambady, N., & Hallett, K. C. (2009). Female sexual orientation is perceived accurately, rapidly, and automatically from the face and its features. Journal of Experimental Social Psychology, 45(6), 1245-1251.

145. Rule, N., & Ambady, N. (2010). First impressions of the face: Predicting success. Social and Personality Psychology Compass, 4(8), 506-516.

146. Rule, N. O., Moran, J. M., Freeman, J. B., Whitfield-Gabrieli, S., Gabrieli, J. D., & Ambady, N. (2011). Face value: Amygdala response reflects the validity of first impressions. NeuroImage, 54(1), 734-741.

147. Rule, N. O., Rosen, K. S., Slepian, M. L., & Ambady, N. (2011). Mating interest improves women's accuracy in judging male sexual orientation. Psychological Science, 22(7), 881-886.

148. Rule, N. O., Adams, R. B., Ambady, N., & Freeman, J. B. (2012). Perceptions of dominance following glimpses of faces and bodies. Perception, 41(6), 687-706.

149. Rycyna, C. C., Champion, C. D., & Kelly, A. E. (2009). First impressions after various types of deception: Less favorable following expectancy violation. Basic and Applied Social Psychology, 31(1), 40-48.

150. Sanchez-Cortes, D., Aran, O., Mast, M. S., & Gatica-Perez, D. (2010, November). Identifying emergent leadership in small groups using nonverbal communicative cues. In International conference on multimodal interfaces and the workshop on machine learning for multimodal interaction (p. 39). ACM.

151. Schaller, M. (2008). Evolutionary bases of first impressions. First impressions, 15-34. New York: Guildford Press, 2008.

152. Schiller, D., Freeman, J. B., Mitchell, J. P., Uleman, J. S., & Phelps, E. A. (2009). A neural mechanism of first impressions. Nature neuroscience, 12(4), 508-514.

153. Sell, A., Cosmides, L., Tooby, J., Sznycer, D., von Rueden, C., & Gurven, M. (2009). Human adaptations for the visual assessment of strength and fighting ability from the body and face. Proceedings of the Royal Society of London B: Biological Sciences, 276(1656), 575-584.

154. Shariff, A. F., & Tracy, J. L. (2009). Knowing who's boss: Implicit perceptions of status from the nonverbal expression of pride. Emotion, 9(5), 631.

155. Shoda, T. M., & McConnell, A. R. (2013). Interpersonal sensitivity and self-knowledge: Those chronic for trustworthiness are more accurate at detecting it in others. Journal of Experimental Social Psychology, 49(3), 440-443.

156. Short, L. A., Mondloch, C. J., McCormick, C. M., Carré, J. M., Ma, R., Fu, G., & Lee, K. (2012). Detection of propensity for aggression based on facial structure irrespective of face race. Evolution and Human Behavior, 33(2), 121-129.

157. Shteingart, H., Neiman, T., & Loewenstein, Y. (2013). The role of first impression in operant learning. Journal of Experimental Psychology: General, 142(2), 476.

158. Sprecher, S., Treger, S., & Wondra, J. D. (2013). Effects of self-disclosure role on liking, closeness, and other impressions in get-acquainted interactions. Journal of Social and Personal Relationships, 30(4), 497-514.

159. Stern, C., West, T. V., Jost, J. T., & Rule, N. O. (2013). The politics of gaydar: Ideological differences in the use of gendered cues in categorizing sexual orientation. Journal of Personality and Social Psychology, 104(3), 520.

160. Stewart, L. H., Ajina, S., Getov, S., Bahrami, B., Todorov, A., & Rees, G. (2012). Unconscious evaluation of faces on social dimensions. Journal of Experimental Psychology: General, 141(4), 715.

161. Stirrat, M., Stulp, G., & Pollet, T. V. (2012). Male facial width is associated with death by contact violence: narrow-faced males are more likely to die from contact violence. Evolution and Human Behavior, 33(5), 551-556.

162. Strick, M., Van Baaren, R. B., Holland, R. W., & Van Knippenberg, A. (2009). Humor in advertisements enhances product liking by mere association. Journal of Experimental Psychology: Applied, 15(1), 35.

163. Strick, M., Holland, R. W., van Baaren, R. B., & van Knippenberg, A. (2012). Those who laugh are defenseless: How humor breaks resistance to influence. Journal of Experimental Psychology: Applied, 18(2), 213.

164. Stulp, G., Pollet, T. V., Verhulst, S., & Buunk, A. P. (2012). A curvilinear effect of height on reproductive success in human males. Behavioral Ecology and Sociobiology, 66(3), 375-384.

165. Sutherland, C. A., Young, A. W., & Rhodes, G. (2016). Facial first impressions from another angle: How social judgements are influenced by changeable and invariant facial properties. British journal of psychology.

166. Swami, V., Stieger, S., Pietschnig, J., Voracek, M., Furnham, A., & Tovée, M. J. (2012). The influence of facial piercings and observer personality on perceptions of physical attractiveness and intelligence. European Psychologist.

167. Takeda, M. B., Helms, M. M., & Romanova, N. (2006). Hair color stereotyping and CEO selection in the United Kingdom. Journal of human behavior in the social environment, 13(3), 85-99.

168. Tibbetts, E. A., & Lindsay, R. (2008). Visual signals of status and rival assessment in Polistes dominulus paper wasps. Biology Letters, 4(3), 237-239.

169. Todorov, A., Mandisodza, A. N., Goren, A., & Hall, C. C. (2005). Inferences of competence from faces predict election outcomes. Science, 308(5728), 1623-1626.

170. Todorov, A., Gobbini, M. I., Evans, K. K., & Haxby, J. V. (2007). Spontaneous retrieval of affective person knowledge in face perception. Neuropsychologia, 45(1), 163-173.

171. Todorov, A., Pakrashi, M., & Oosterhof, N. N. (2009). Evaluating faces on trustworthiness after minimal time exposure. Social Cognition, 27(6), 813-833.

172. Todorov, A. (2012). The role of the amygdala in face perception and evaluation. Motivation and emotion, 36(1), 16-26.

173. Tracy, J. L., & Matsumoto, D. (2008). The spontaneous expression of pride and shame: Evidence for biologically innate nonverbal displays. Proceedings of the National Academy of Sciences, 105(33), 11655-11660.

174. Třebický, V., Havlíček, J., Roberts, S. C., Little, A. C., & Kleisner, K. (2013). Perceived aggressiveness predicts fighting performance in mixed-martial-arts fighters. Psychological Science, 24(9), 1664-1672.

175. Tsantani, M. S., Belin, P., Paterson, H. M., & McAleer, P. (2016). Low vocal pitch preference drives first impressions irrespective of context in male voices but not in female voices. Perception, 0301006616643675.

176. Tskhay, K. O., & Rule, N. O. (2013). Accurate identification of a preference for insertive versus receptive intercourse from static facial cues of gay men. Archives of sexual behavior, 42(7), 1217-1222.

177. Tskhay, K. O., & Rule, N. O. (2013). Accuracy in categorizing perceptually ambiguous groups a review and meta-analysis. Personality and Social Psychology Review, 17(1), 72-86.

178. Tsukiura, T., Shigemune, Y., Nouchi, R., Kambara, T., & Kawashima, R. (2013). Insular and hippocampal contributions to remembering people with an impression of bad personality. Social cognitive and affective neuroscience, 8(5), 515-522.

179. Valla, J. M., Ceci, S. J., & Williams, W. M. (2011). The accuracy of inferences about criminality based on facial appearance. Journal of Social, Evolutionary, and Cultural Psychology, 5(1), 66.

180. Verhulst, B., Lodge, M., & Lavine, H. (2010). The attractiveness halo: Why some candidates are perceived more favorably than others. Journal of Nonverbal Behavior, 34(2), 111-117.

181. Verosky, S. C., & Todorov, A. (2013). When physical similarity matters: Mechanisms underlying affective learning generalization to the evaluation of novel faces. Journal of Experimental Social Psychology, 49(4), 661-669.

182. Voncken, M. J., & Dijk, K. F. L. (2013). Socially anxious individuals get a second chance after being disliked at first sight: The role of self-disclosure in the development of likeability in sequential social contact. Cognitive therapy and research, 37(1), 7-17.

183. Zack, P. (2012). A molécula da moralidade. Rio de Janeiro: Elsevier.

184. Zebrowitz, L. A., Fellous, J. M., Mignault, A., & Andreoletti, C. (2003). Trait impressions as overgeneralized responses to adaptively significant facial qualities: Evidence from connectionist modeling. Personality and social psychology review, 7(3), 194-215.

185. Zebrowitz, L. A. (2004). The origin of first impressions. Journal of Cultural and Evolutionary Psychology, 2(1-2), 93-108.

186. Zebrowitz, L. A., Wadlinger, H. A., Luevano, V. X., White, B. M., Xing, C., & Zhang, Y. (2011). Animal analogies in first impressions of faces. Social cognition, 29(4), 486.

187. Zebrowitz, L. A., Wang, R., Bronstad, P. M., Eisenberg, D., Undurraga, E., Reyes-García, V., & Godoy, R. (2012).

First impressions from faces among US and culturally isolated Tsimane'people in the Bolivian rainforest. Journal of Cross-Cultural Psychology, 43(1), 119-134.

188. Zebrowitz, L. A., Franklin Jr, R. G., Hillman, S., & Boc, H. (2013). Older and younger adults' first impressions from faces: Similar in agreement but different in positivity. Psychology and aging, 28(1), 202.

189. Waroquier, L., Marchiori, D., Klein, O., & Cleeremans, A. (2010). Is it better to think unconsciously or to trust your first impression? A reassessment of unconscious thought theory. Social Psychological and Personality Science, 1(2), 111-118.

190. Weigold, A., Weigold, I. K., Natera, S. N., & Russell, E. J. (2013). The role of face familiarity in judgments of personality and intelligence. Current Psychology, 32(3), 242-251.

191. Weston, E. M., Friday, A. E., & Liò, P. (2007). Biometric evidence that sexual selection has shaped the hominin face. PLoS One, 2(8), e710.

192. Willis, J., & Todorov, A. (2006). First impressions making up your mind after a 100-ms exposure to a face. Psychological science, 17(7), 592-598.

193. Wilson, J. H., Stadler, J. R., Schwartz, B. M., & Goff, D. M. (2009). Touching Your Students: The Impact of a Handshake on the First Day of Class. Journal of the Scholarship of Teaching and Learning, 9(1), 108-117.

194. Wong, E. M., Ormiston, M. E., & Haselhuhn, M. P. (2011). A face only an investor could love CEOs' facial structure predicts their Firms' financial performance. Psychological Science, 22(12), 1478-1483.

195. Wright, R. (2006). O animal moral: por que somos como somos: a nova ciência da psicologia evolucionista. Rio de Janeiro: Campus Elsevier.

O autor

Thales Vianna Coutinho é psicólogo formado pela Universidade da Região de Joinville - UNIVILLE, Personal & Professional Coach formado pela Sociedade Brasileira de Coaching e Mestrando em Medicina Molecular na Universidade Federal de Minas Gerais. Desde os tempos de graduação já se interessava bastante pela divulgação científica, mas foi em 2012 que criou seu canal no YouTube (TVCChannelNews), especificamente voltado para esse objetivo, que atualmente conta com cerca de 10 mil inscritos e mais de 250 vídeos originais sobre diferentes temas em psicologia, e em 2015, junto com a também psicóloga Samara Reis, criou um canal paralelo de divulgação científica no YouTube em inglês, mas com legenda em português, o "The Psychological Zone". Atualmente atua com treinamento em "técnicas de estudo" e Coordenador de Divulgação Científica do Instituto Lumina.

Este livro foi composto com tipografia Bembo e impresso
em papel OffSet 90g. na Gráfica Del Rey.